PowerPoint 2019

SÉRIE INFORMÁTICA

Dados Internacionais de Catalogação na Publicação (CIP)
(Jeane Passos de Souza – CRB 8ª/6189)

Sabino, Roberto
PowerPoint 2019 / Roberto Sabino. – São Paulo : Editora Senac São Paulo, 2019. – (Série Informática)

ISBN 978-65-5536-323-4 [Venda internacional]

1. Microsoft PowerPoint (Programa de computador) 2. PowerPoint 2019 I. Título. II. Série.

19-1056t CDD – 005.369

Índice para catálogo sistemático:

1. Microsoft PowerPoint 2019 : Computadores : Programas : Processamento de dados 005.369

PowerPoint 2019

Roberto Sabino

Editora Senac São Paulo – São Paulo – 2019

Gerente/Publisher: Jeane Passos de Souza (jpassos@sp.senac.br)
Coordenação Editorial/Prospecção: Luís Américo Tousi Botelho (luis.tbotelho@sp.senac.br)
Dolores Crisci Manzano (dolores.cmanzano@sp.senac.br)
Administrativo: grupoedsadministrativo@sp.senac.br
Comercial: comercial@editorasenacsp.com.br

Edição e Preparação de Texto: Rafael Barcellos Machado
Coordenação de Revisão de Texto: Luiza Elena Luchini
Revisão de Texto: Augusto Iriarte
Projeto Gráfico e Capa: Antonio Carlos De Angelis
Editoração Eletrônica: Thiago Planchart

Editora Senac São Paulo
Rua 24 de Maio, 208 – 3º andar – Centro – CEP 01041-000
Caixa Postal 1120 – CEP 01032-970 – São Paulo – SP
Tel. (11) 2187-4450 – Fax (11) 2187-4486
E-mail: editora@sp.senac.br
Home page: www.livrariasenac.com.br

Sumário

Apresentação

O que é a Série Informática

A Série Informática foi criada para que você aprenda informática sozinho, sem professor! Com ela, é possível estudar sem dificuldade os softwares mais utilizados pelo mercado. Para utilizar o material da Série Informática, é necessário ter em mãos o livro, um equipamento que atenda as configurações necessárias e o software a ser estudado.

Neste volume, estruturado com base em atividades que permitem estudar o software passo a passo, são apresentadas informações essenciais para a operação do Microsoft PowerPoint (o conteúdo abordado foi criado com base na versão 2019, mas atende as versões a partir da 2013). Você deverá ler com atenção e seguir corretamente todas as instruções. Se encontrar algum problema durante uma atividade, volte ao início e recomece; isso vai ajudá-lo a esclarecer dúvidas e resolver dificuldades.

Estrutura do livro

Este livro está dividido em capítulos que contêm uma série de atividades práticas e informações teóricas sobre o Microsoft PowerPoint. Para obter o melhor rendimento possível em seu estudo, evitando dúvidas ou erros, é importante que você:

- leia com atenção todos os itens do livro, pois sempre encontrará informações úteis para a execução das atividades;
- faça apenas o que estiver indicado no passo a passo e só execute uma sequência após ter lido a instrução do respectivo item.

Como baixar o material da Série Informática

É muito simples utilizar o material da Série Informática. Inicie sempre pelo Capítulo 1, leia atentamente as instruções e execute passo a passo os procedimentos solicitados.

Para a verificação dos exercícios dos capítulos e das atividades propostas, disponibilizamos no site da Editora Senac São Paulo os arquivos compactados contendo o conjunto de pastas referentes aos projetos que serão desenvolvidos ao longo do livro.

1. Para fazer o download, acesse a internet e digite o link:

   http://www.editorasenacsp.com.br/informatica/powerpoint2019/atividades.zip

2. Ao ser exibido em seu navegador, faça o download da pasta com o nome de *Planilhas* na área de trabalho (ou no local de sua preferência).

3. Descompacte os arquivos.

Bom estudo!

1

Conhecendo o PowerPoint

O PowerPoint 2019 é um software do pacote Office da Microsoft. É atualmente o aplicativo de apresentação de slides, ou editor de apresentações, mais usado no mercado. Seu objetivo fundamental é permitir a apresentação de ideias através de uma sequência de slides com imagens, textos e animações. Podemos usar o PowerPoint 2019 para criar o material de apoio para uma palestra ou uma aula, assim como para apresentar gráficos e resultados, ou mesmo para estruturar o conteúdo de um site da internet. Existem muitas outras formas de compartilhar ideias com o PowerPoint 2019, e exploraremos várias delas nos próximos capítulos.

A tela inicial do PowerPoint 2019

A tela inicial do programa apresenta as seguintes características:

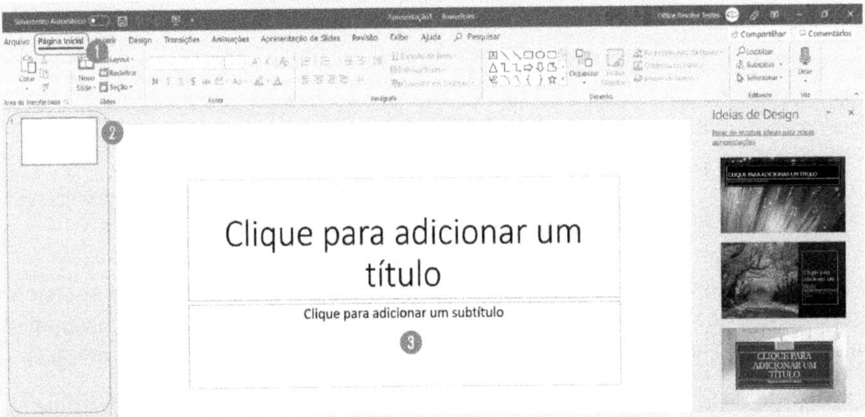

❶ Os comandos estão agrupados por guias. A guia *Página Inicial* é a que mais utilizaremos no dia a dia. ❷ Por padrão, do lado esquerdo, aparecem os slides que fazem parte da apresentação. ❸ No centro da tela, aparecerá o slide em que estivermos trabalhando no momento.

Faixa de Opções

Quem já conhece algum aplicativo do Microsoft Office (como o Word ou o Excel) vai se sentir à vontade com a aparência geral do PowerPoint, já que todos os aplicativos mantêm certo padrão. Observe a *Faixa de Opções* do programa, onde você encontrará seus comandos e funcionalidades.

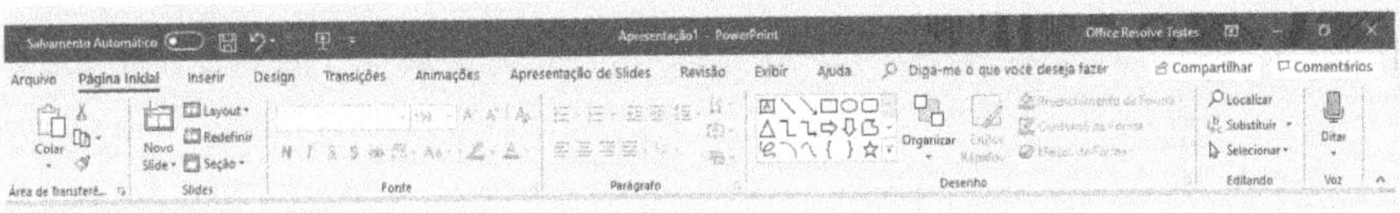

Barra de Ferramentas de Acesso Rápido

A *Barra de Ferramentas de Acesso Rápido* é um conjunto de botões de comando que agiliza o acesso aos recursos mais utilizados. Está localizada na parte superior esquerda da janela do PowerPoint 2019, como mostra a figura a seguir:

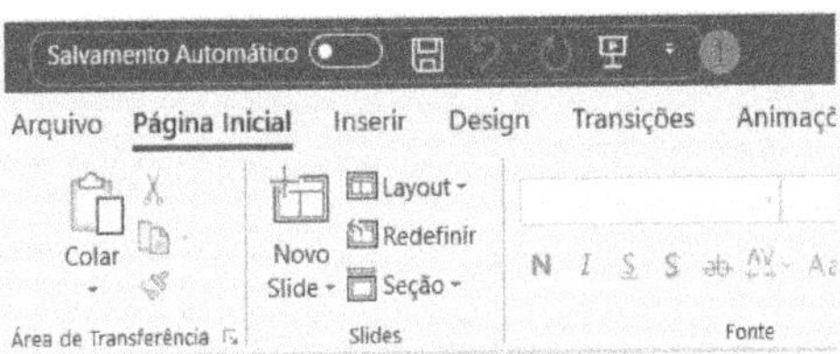

❶ Os botões-padrão dessa barra são *Salvamento Automático, Salvar, Desfazer, Refazer* e *Iniciar Apresentação.* O último botão é o *Personalizar Barra de Ferramentas de Acesso Rápido.*

Com a personalização da *Barra de Ferramentas de Acesso Rápido,* é possível incluir botões com os comandos mais utilizados no dia a dia, facilitando o seu trabalho.

Barra de Status

A *Barra de Status* fica na parte inferior da janela do aplicativo e serve para mostrar várias informações úteis para a edição da apresentação de slides.

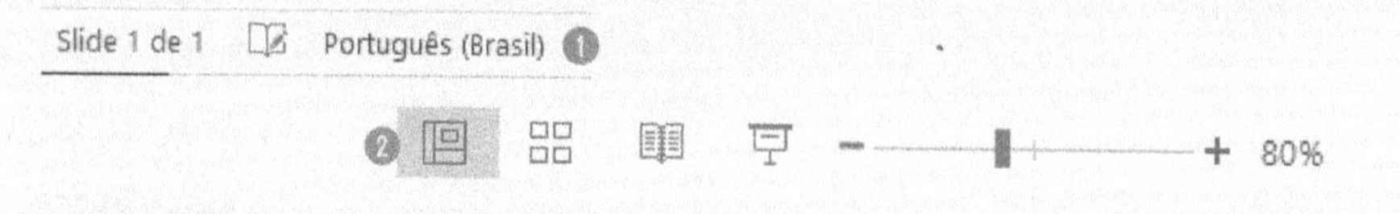

❶ *Lado esquerdo*: mostra o slide que está sendo editado, quantos slides tem a apresentação e o idioma. ❷ *Lado direito*: mostra os modos de exibição e o controle de zoom.

A *Barra de status* é muito dinâmica e vai apresentando as informações mais importantes para o usuário de acordo com cada ação executada. É possível personalizá-la também, ajustando-a à sua maneira de trabalhar. Contudo, ela não é uma ferramenta muito utilizada.

Na parte do meio da *Barra de Status*, encontramos o botão *Anotações*, que permite incluir anotações no slide que estivermos editando:

❶ As anotações ficam localizadas abaixo de cada slide, na parte central da tela. Nos próximos capítulos, aprenderemos a usá-las. ❷ Botão *Anotações*: permite inserir notas em cada slide que for criado.

A figura abaixo é um exemplo de uma apresentação simples com cinco slides, feita no PowerPoint 2019:

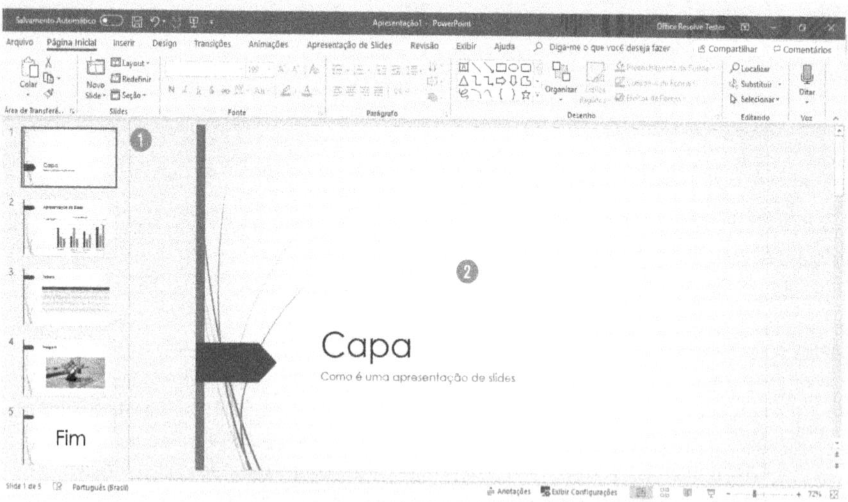

❶ Na tela inicial, do lado esquerdo, você verá a sequência de slides em miniaturas.
❷ Na parte principal da tela, você verá o slide que estiver editando.

Criando uma apresentação simples

Ao entrar no PowerPoint, ou clicar na opção *Novo*, o primeiro passo é escolher o layout da apresentação. É interessante já escolher um layout adequado ao que se pretende apresentar, pois isso facilitará muito o nosso trabalho. Se for algo mais complexo e técnico, escolha uma opção limpa e simples. Se for algo mais festivo ou descontraído, escolha um modelo mais vivo.

1. Abra o PowerPoint 2019 e clique no layout *Corte*.

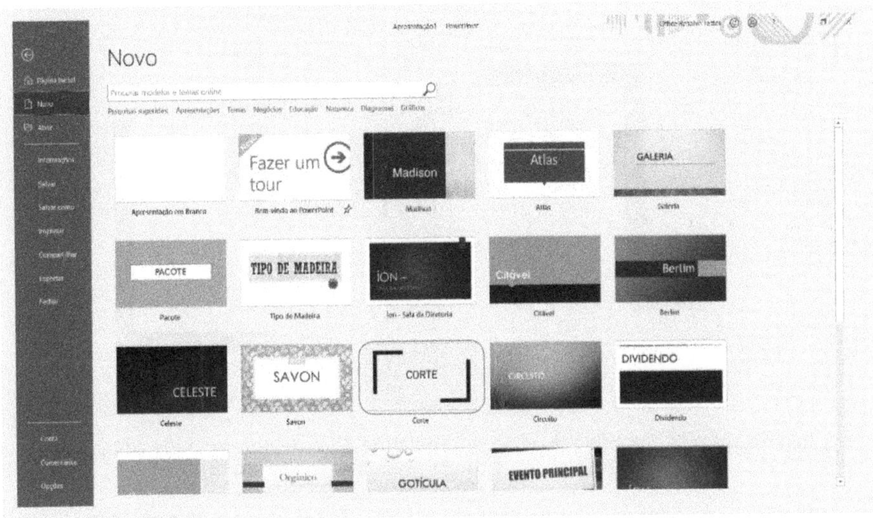

Agora, é possível selecionar o esquema de cores que deseja utilizar. Para esta apresentação, vamos manter o esquema de cores padrão.

2. Em seguida, clique em *Criar*.

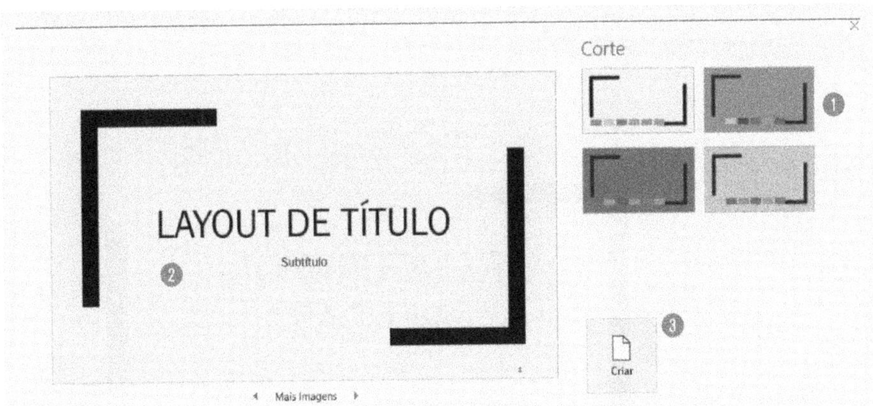

1 Esquemas de cores disponíveis para o layout selecionado. 2 Um exemplo de como ficarão os slides desse layout com o esquema de cores escolhido. 3 Clique em *Criar* para começar a editar a apresentação.

Vamos criar uma apresentação com os resultados de equipes de vendas, para entendermos a sequência mais básica de montagem de uma apresentação simples. Depois, ao longo dos demais capítulos, faremos outras apresentações mais detalhadas, passando por todo o conhecimento fundamental do PowerPoint 2019. Depois de clicarmos em criar, nossa tela ficará assim:

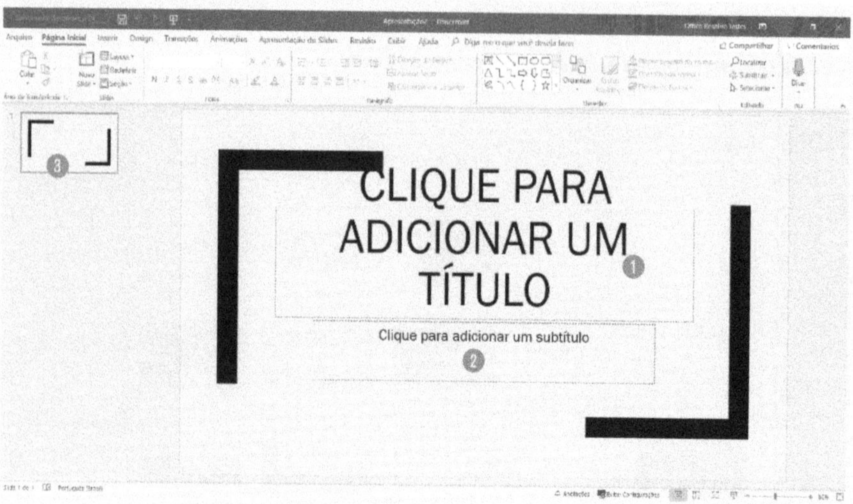

❶ Título do slide. ❷ Subtítulo do slide. ❸ Miniatura do slide que estamos editando.

3. Clique em *CLIQUE PARA ADICIONAR UM TÍTULO* e digite *RELATÓRIO DE VENDAS*.

4. Clique em *Clique para adicionar um subtítulo* e digite *Resultados do 1º Trimestre*.

O slide agora tem a aparência da figura a seguir:

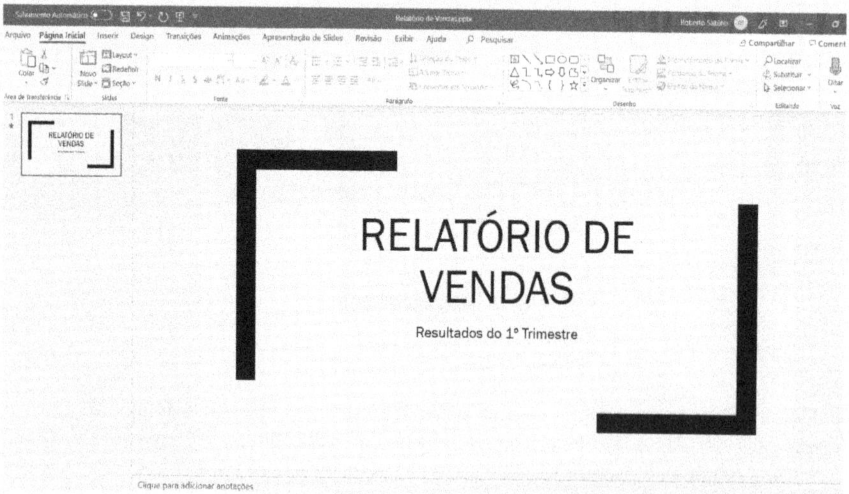

Como incluir mais slides

Observe que na guia *Página Inicial* temos alguns comandos importantes para adicionar e ajustar o design dos slides:

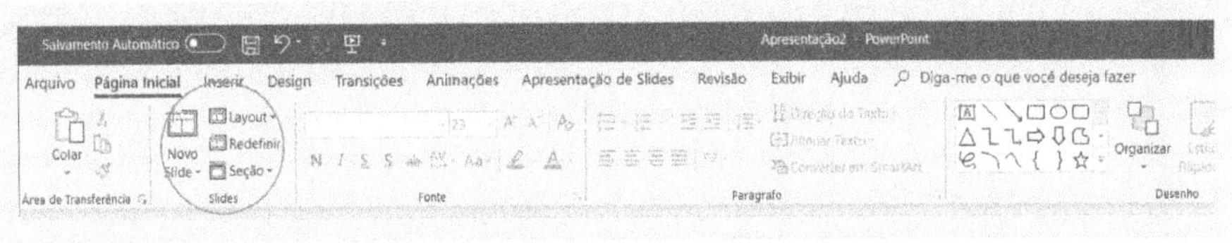

Ao usar o botão *Novo Slide*, você pode inserir um slide padrão, com título e conteúdo, ou escolher entre alguns layouts disponíveis no modelo escolhido.

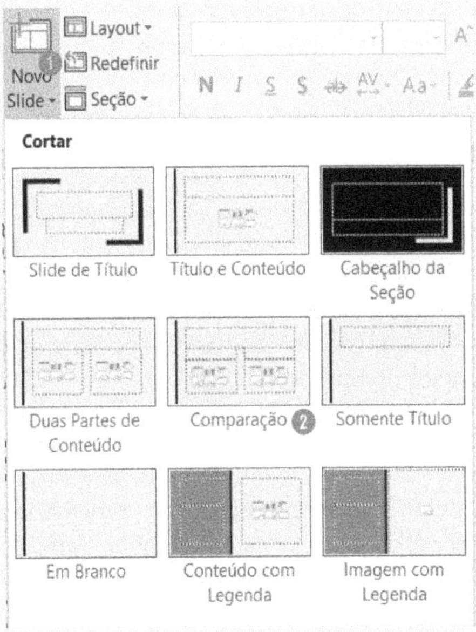

1 Para criar um slide padrão, basta clicar na parte superior do botão *Novo Slide* (ou usar as teclas de atalho *Ctrl* + *M*).

2 Para abrir esta caixa com as opções de layout, basta clicar na parte inferior do botão, na seta para baixo.

1. Clique na parte inferior do botão *Novo Slide* para escolher o layout.
2. Escolha o layout *Comparação*.

O novo slide será incluído logo após o primeiro e ficará disponível para edição.

3. Clique no título e digite *Comparação dos Resultados do 1º trimestre*.
4. No rótulo da esquerda, clique em *Clique para adicionar texto* e digite *2018*.
5. No rótulo da direita, clique em *Clique para adicionar texto* e digite *2019*.
6. Na lista da esquerda, digite *Equipe A = 150*. Pressione *Enter* para inserir uma nova linha e digite *Equipe B = 130*. Pressione *Enter* novamente e digite *Equipe C = 146*.
7. Na lista da direita, digite *Equipe A = 165* na primeira linha, *Equipe B = 178* na segunda, e *Equipe C = 160* na terceira.

O slide deve estar semelhante ao da figura a seguir:

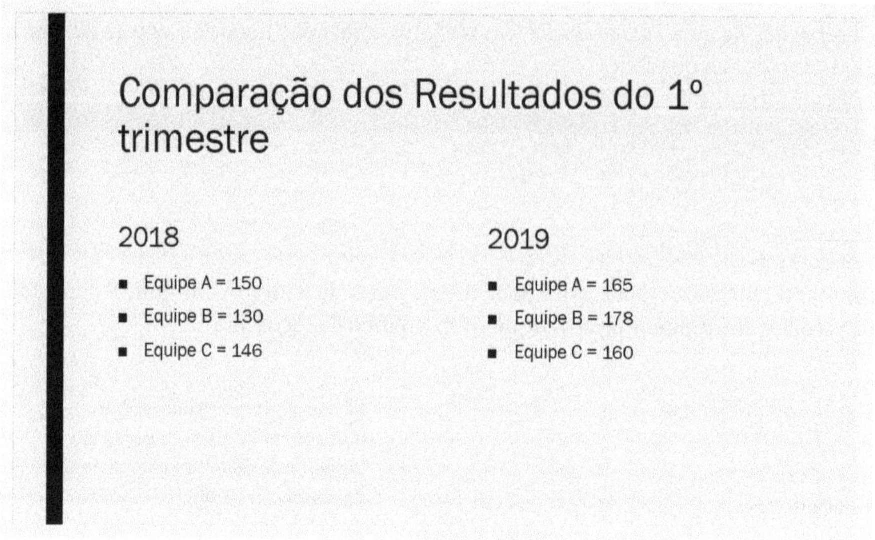

Formatação básica de um slide

O slide está quase pronto, mas algumas coisas podem ser ajustadas para deixá-lo com uma aparência mais agradável. Faremos agora uma formatação básica, que é muito parecida com a formatação dos demais aplicativos do Microsoft Office.

Ajustando a fonte

A fonte é o tipo de letra usado nos slides e contribui significativamente para a clareza das informações apresentadas. A guia *Página Inicial* tem comandos para as principais alterações que se pode fazer na fonte.

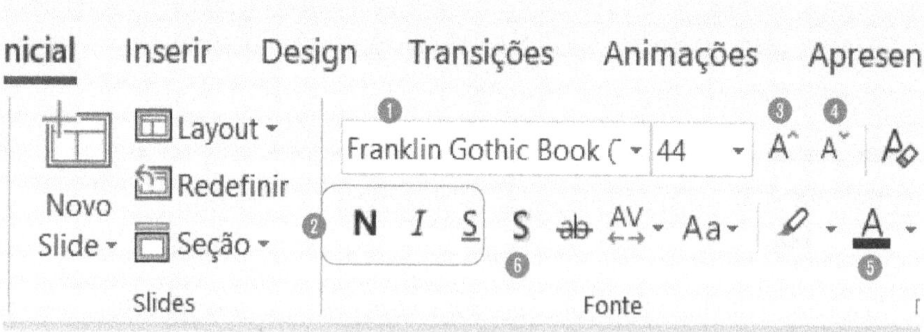

1 Mudar a fonte. 2 Aplicar **Negrito**, *Itálico* e Sublinhado. 3 Aumentar o tamanho da fonte. 4 Diminuir o tamanho da fonte. 5 Alterar a cor da fonte. 6 Aplicar sombra na fonte.

Ajustando o parágrafo

As opções de formatação de parágrafo permitem ajustar o alinhamento do texto, a direção do texto e outros itens, como mostra a figura a seguir:

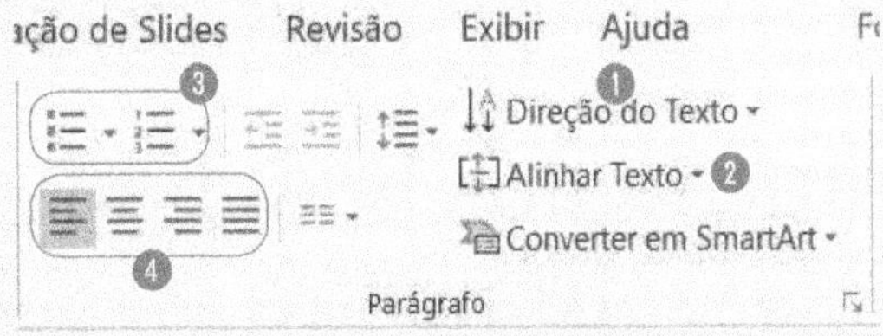

❶ Mudar a direção do texto. ❷ Alinhar o texto verticalmente (*Superior, No Meio, Inferior*). ❸ Aplicar ou retirar *Numeração* e *Tópicos.* ❹ Alinhar horizontalmente (*À esquerda, Centralizar, À direita, Justificar*).

Selecionando os itens do slide

Nos aplicativos do Microsoft Office, é muito importante saber selecionar corretamente os itens a serem formatados. O PowerPoint 2019 tem suas características específicas, que veremos usando como exemplo o slide criado:

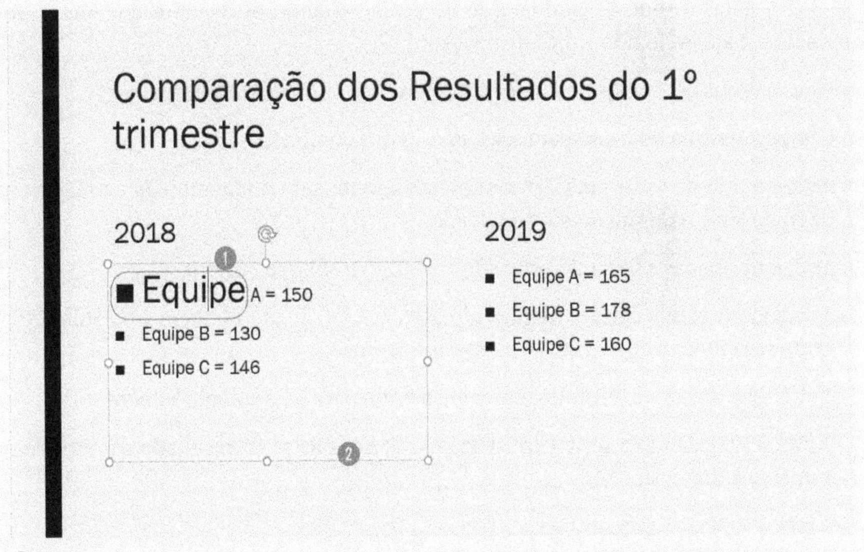

❶ Ao clicar diretamente sobre o texto, selecionamos apenas a palavra onde o cursor está posicionado, em vez do item completo. ❷ Normalmente, não é isso o que queremos, a menos que desejemos formatar uma única palavra. Para selecionar todo o conteúdo, é preciso clicar na borda do item que se quer formatar.

Dividindo o título em duas linhas

Muitas vezes, na hora de formatar o título (ou outro item), a distribuição do texto não fica como gostaríamos. Assim, pode ser necessário fazer ajustes, como no título do nosso slide:

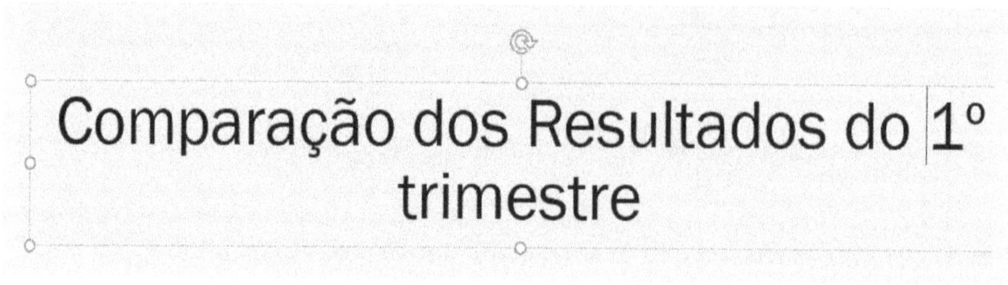

Perceba que é estranho deixar o título como está. Seria mais adequado que *1º trimestre* estivesse na linha de baixo, para mostrar claramente de qual período são os resultados. Essa alteração é muito simples de fazer: basta clicar no local do texto que deseja enviar para a linha de baixo (neste caso, à esquerda do número *1º*) e teclar *Enter*.

Formatando o slide

Vamos formatar o slide de comparação de vendas usando os recursos que vimos nos itens acima e aproveitando a dica de seleção:

1. Clique no título, coloque o cursor à esquerda de *1º trimestre* e tecle *Enter*.
2. Clique na borda do título para selecioná-lo por completo.
3. Altere o tipo de fonte para *Arial*, aumente a fonte para o tamanho *48* e mude a cor da fonte para *Azul* (qualquer tonalidade).
4. Selecione apenas a linha de baixo (*1º trimestre*) e aplique *Negrito*.
5. Selecione o rótulo *2018* e, segurando a tecla *Ctrl*, clique também no rótulo *2019* (para selecionar os dois rótulos ao mesmo tempo).
6. Centralize o texto dos rótulos, aumente a fonte para *36* e aplique *Sombra*.
7. Novamente usando a tecla *Ctrl*, selecione as duas listas de resultado das equipes e aumente a fonte para *36*.

O slide deve estar como na figura abaixo:

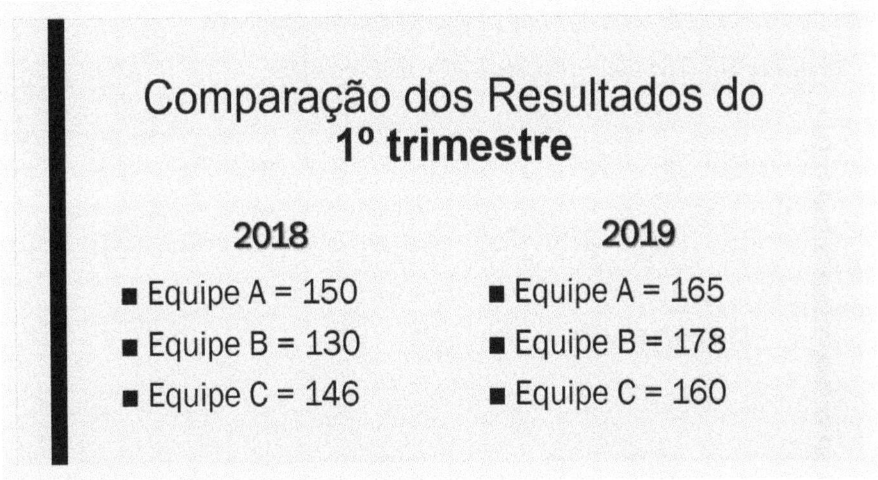

Perceba que aos poucos o aspecto do slide vai melhorando. Essas são formatações bem básicas, apenas para começarmos a entender o aplicativo.

Alterando manualmente o formato do slide

Já vimos que o PowerPoint 2019 oferece vários layouts diferentes de slide. Contudo, nem sempre encontraremos o formato exato que desejamos. Por isso, é possível alterar manualmente o formato, arrastando ou criando itens no slide.

Vamos criar o último slide da apresentação, com a mensagem *Parabéns, Equipes!!!*. Porém, essa mensagem deve aparecer bem no meio do slide.

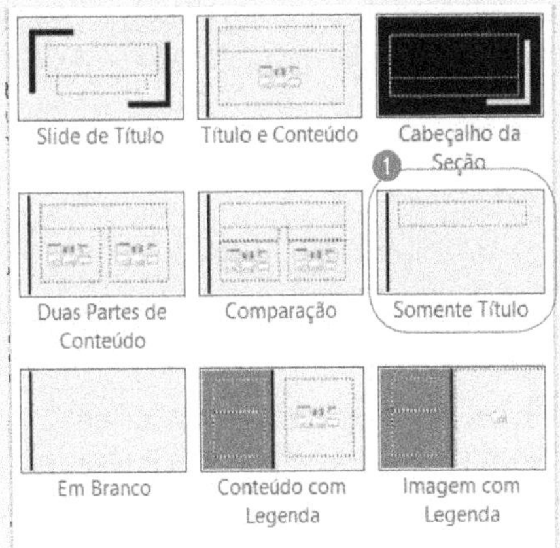

1 Entre os layouts disponíveis, não há nenhum com uma caixa de texto no meio do slide. Então, vamos usar a opção *Somente Título* e arrastar o campo de título para o centro do slide.

Para alterar o formato de um slide, uma das formas mais fáceis é clicar na borda do item e, segurando o botão do mouse, arrastar até onde desejar. Outra forma possível é selecionar o item e depois usar as teclas de direção do teclado para mover o item no slide.

1. Insira um novo slide do tipo *Somente Título*.
2. Clique na caixa de texto do título e escreva *Parabéns, Equipes!!!*.
3. Clique na borda do título e arraste-o até o meio do slide.

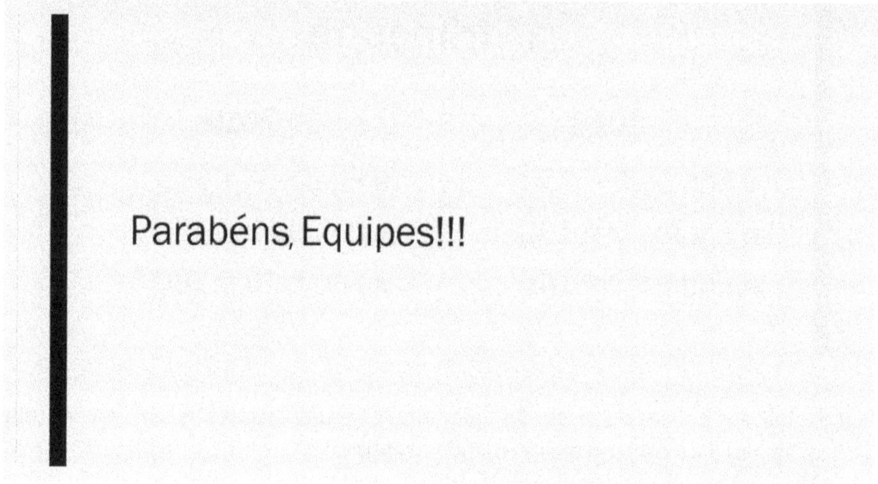

Inserindo slides no meio da apresentação

Outra necessidade muito comum é a de incluir um slide no meio da apresentação, não no fim. Essa situação pode ser facilmente resolvida de duas formas:

Movimentando um slide na apresentação

A primeira forma de resolver essa situação é criar o slide como se fosse o último e depois movimentá-lo para o ponto da apresentação onde se deseja inseri-lo. Usando a lista de miniaturas dos slides, é possível movê-los facilmente para qualquer posição. Basta clicar no slide e arrastá-lo até o ponto desejado:

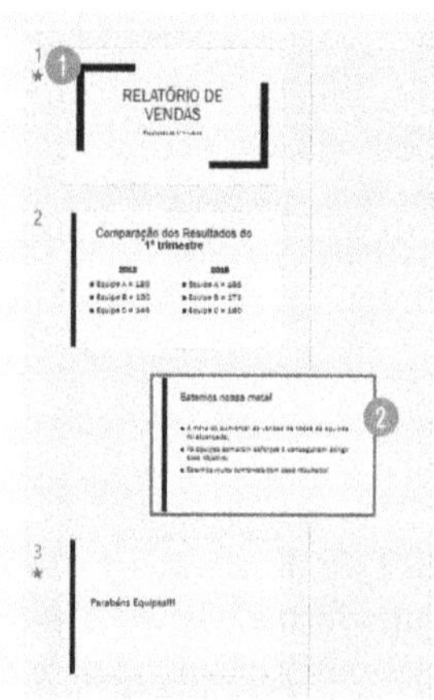

1 Esta sessão na lateral esquerda mostra as miniaturas dos slides na sequência em que aparecerão na apresentação. Porém, também serve para reorganizar os slides.

2 Ao clicar em um dos slides e manter o botão do mouse pressionado, é possível arrastar o slide para qualquer posição na apresentação.

Criando o slide em um ponto determinado

A segunda forma de resolver a situação é posicionar o cursor no ponto em que se deseja inserir o slide e então clicar no botão *Novo Slide*:

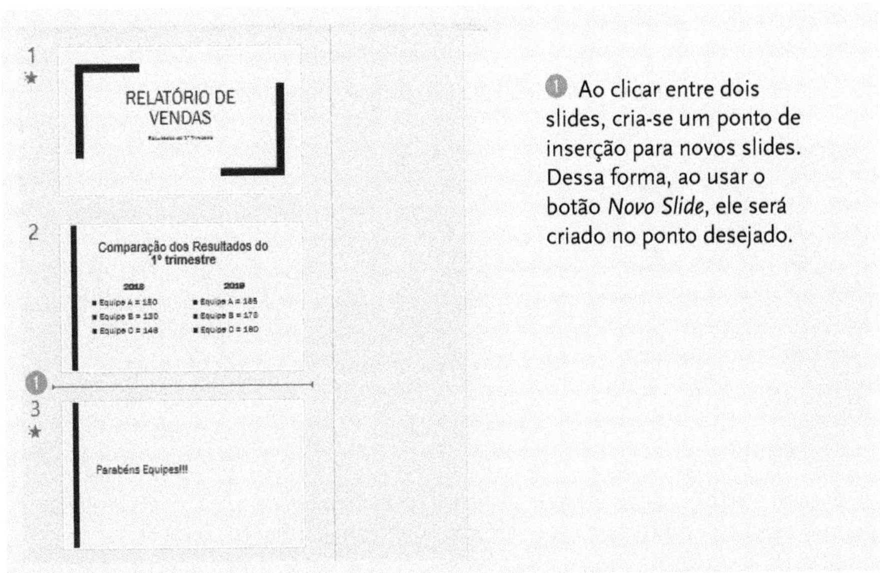

1 Ao clicar entre dois slides, cria-se um ponto de inserção para novos slides. Dessa forma, ao usar o botão *Novo Slide*, ele será criado no ponto desejado.

Agora, para finalizar nossa primeira apresentação, usando o que aprendeu até aqui, crie um slide imediatamente antes do último. Use a figura abaixo como modelo para esse novo slide e para a sequência da apresentação:

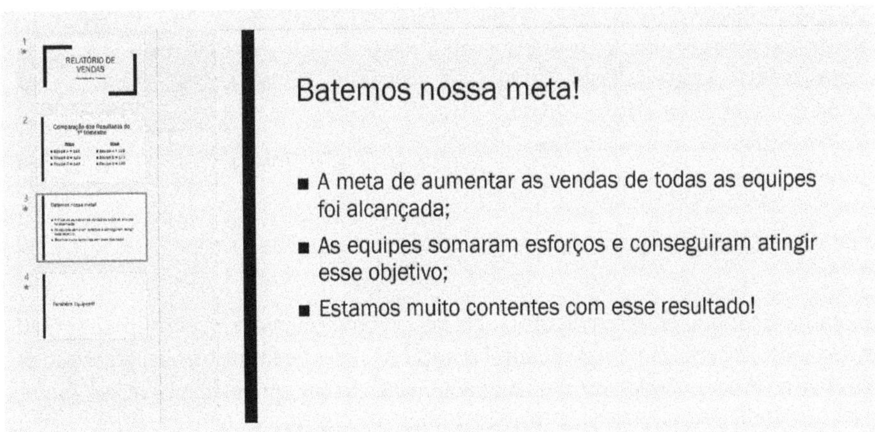

Salvar e apresentar os slides

Nossa primeira apresentação está pronta. Agora, podemos salvá-la e ver como ficou.

1. Clique no botão *Salvar* (ou use as teclas de atalho *Ctrl + B*).

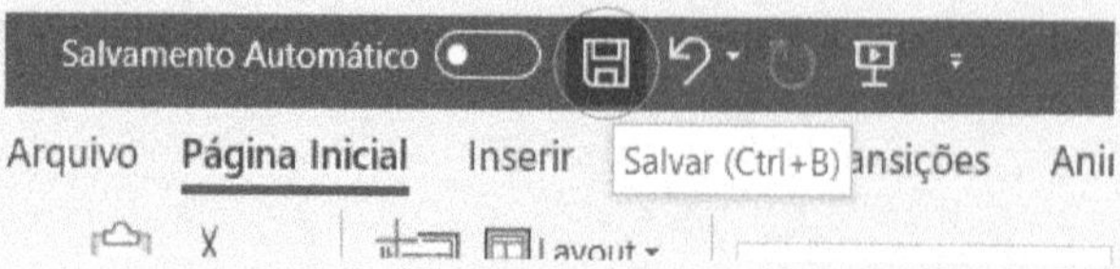

Agora, é preciso escolher a pasta desejada para salvar a apresentação.

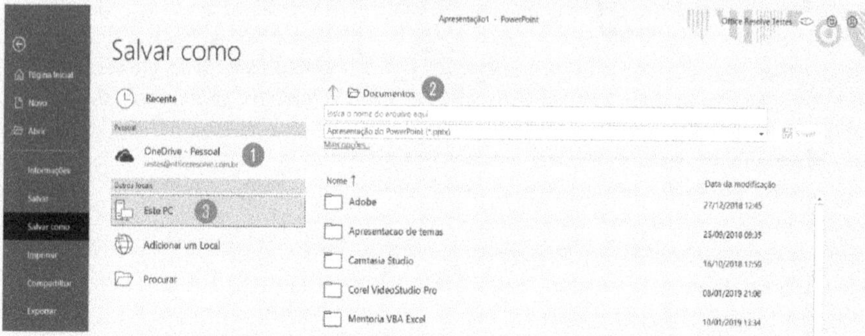

❶ Escolha *OneDrive* se quiser gravar na nuvem. ❷ Escolha um nome para a apresentação. ❸ Escolha *Este PC* para gravar a apresentação no seu computador ou notebook.

2. Nomeie a apresentação como *Relatório de Vendas.*
3. Pronto! Agora, para visualizar como ficou a apresentação, use o botão *Do Começo*, na guia *Apresentação de Slides* (ou use a tecla de atalho *F5*).

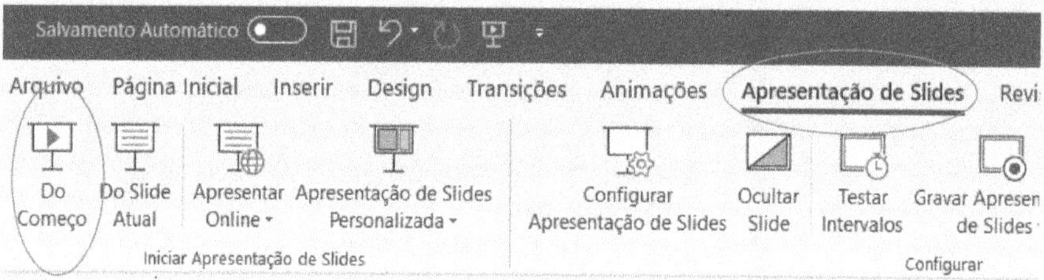

Ao entrar no modo de apresentação, a tela ficará completamente preenchida com o primeiro slide. Daí em diante, será possível avançar os slides de forma manual (clicando sobre eles) ou programando uma mudança automática (o que aprenderemos mais à frente).

Finalizamos uma apresentação bem básica que nos permitiu entender como o PowerPoint 2019 funciona. Nos próximos capítulos, veremos vários recursos que possibilitarão extrair muito mais das apresentações, com exercícios práticos para reforçar a aprendizagem.

Anotações

Anotações

2

Inserindo novos elementos

Além de usar os layouts disponíveis nos slides padrão, é possível inserir novos elementos, tais como:

» Tabelas: uma boa forma de apresentar os dados de maneira organizada. Pode ser muito conveniente quando for preciso informar dados de resultados financeiros ou comparativos.

» Gráficos: se os dados a serem apresentados puderem ser transformados em um gráfico, isso facilita muito a visualização e o entendimento.

» *SmartArt*: sofisticando um pouco mais a apresentação, pode-se usar este recurso muito interessante, que mostra as informações como um modelo inteligente.

» Formas: também é possível incluir formas geométricas e combiná-las para facilitar o entendimento.

» *WordArt*: outro recurso muito útil é usar textos com estilos e formatos diferentes.

» Imagens: uma das melhores formas de explicar sua ideia é por meio imagens, conforme veremos no Capítulo 3.

Para exemplificar cada um dos itens acima, vamos montar uma nova apresentação com informações sobre o canal de vídeos de uma empresa chamada Office Resolve.

Criando uma apresentação com mais elementos

Aproveitando os conhecimentos que já temos, vamos montar um slide com o título da apresentação. O slide será bem simples, com o nome da empresa e o assunto a ser apresentado: um canal de vídeos.

1. Comece uma nova apresentação usando o modelo *Facetado*.
2. Escolha o esquema de cores com tons de verde e clique em *Criar*.
3. Selecione o título do primeiro slide e digite *Office Resolve*.
4. No subtítulo, digite *Canal na plataforma de vídeos*.
5. Agora, vamos fazer algumas alterações para que o slide fique como na figura a seguir:

6. Selecione o título e arraste-o para a parte superior do slide, para termos um espaço maior entre o título e o subtítulo.
7. Mantenha a fonte *Trebuchet MS (Títulos)* (caso não encontre essa mesma fonte, use alguma mais parecida, conforme a figura anterior).
8. Aumente o tamanho da fonte do título para *88*.
9. Clique na borda do título para selecioná-lo. Aparecerá o menu *Formato de Forma* na *Faixa de Opções*. No grupo *Estilos de WordArt*, selecione uma opção parecida com a da imagem a seguir:

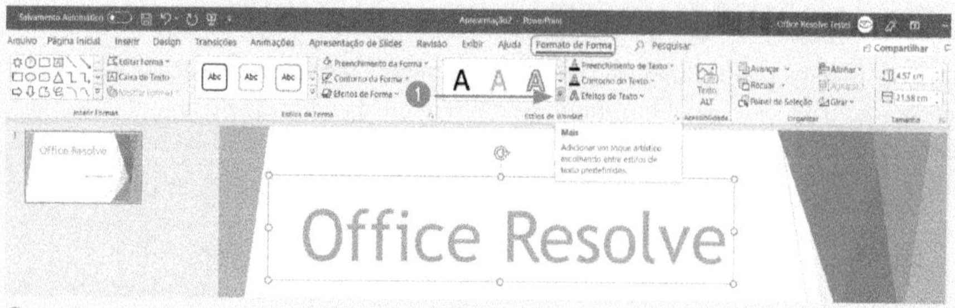

❶ Clique na seta para baixo para ver mais opções.

10. Do lado direito do recurso que acabamos de usar, escolha o *Contorno do Texto* na cor preta.

11. Agora, vamos usar o grupo de comandos *Estilos de Forma*.

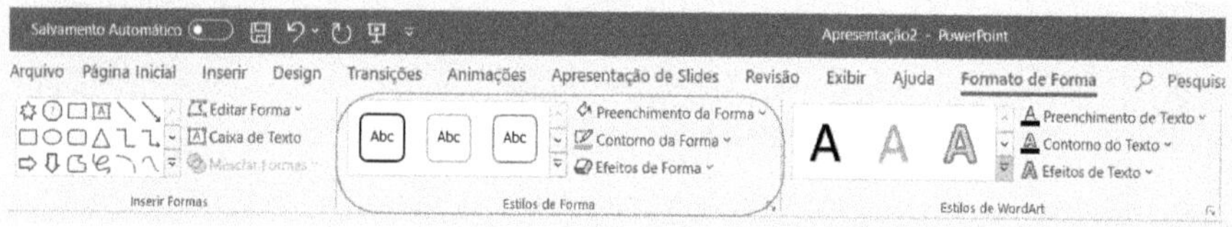

12. Em *Preenchimento da Forma* (observe bem que existem dois comandos diferentes, *Preenchimento da Forma* e *Preenchimento do Texto*; cuidado para não confundi-los), escolha a cor *Verde escuro* no tom mais claro.

13. Para finalizar o título, escolha como *Efeitos da Forma* o reflexo do tipo *Reflexo Total: 4 pt de deslocamento.*

Note que o recurso *Efeitos da Forma* possui muitos efeitos interessantes que podem deixar sua apresentação mais profissional.

14. Para finalizar o slide, selecione o subtítulo e escolha o primeiro estilo de *WordArt* na guia *Formato da Forma*.
15. Em seguida, na guia *Página Inicial*, aumente o tamanho da fonte para *20*.

Com isso, finalizamos o primeiro slide da apresentação, que tem por objetivo mostrar para a audiência o assunto a ser tratado, além de funcionar como um slide de capa, que pode ser projetado enquanto as pessoas chegam à sala onde ocorrerá a palestra.

Inserir *Tabela*

O segundo slide apresentará uma lista com os assuntos tratados no canal, relacionando o número de vídeos disponíveis para cada um. Essa relação é tipicamente feita por meio de uma tabela, facilitando a visualização e a compreensão.

1. Inclua um segundo slide do tipo *Título e Conteúdo*.
2. Selecione o título do slide e digite *Assuntos*.
3. Ajuste o alinhamento clicando em *Centralizar* (pode-se usar as teclas de atalho *Ctrl + E*). Em seguida, aumente o tamanho da fonte para *66* (lembre-se de ajustar a seleção, se necessário).
4. Usando o atalho do próprio slide (ver figura a seguir), insira uma tabela com *2* colunas e *8* linhas.

5. No título da primeira coluna, digite *Conteúdo*.
6. No título da segunda coluna, digite *Número de Vídeos*.

7. Digite o conteúdo das linhas e ajuste a largura das colunas para que sua tabela fique como na figura a seguir:

Conteúdo	Número de Vídeos
Gestão de Projetos	12
Gestão Ágil de Projetos	18
Planilhas (Excel 2019)	25
Apresentações (PowerPoint 2019)	22
Programação VBA (Excel)	32
Empreendedorismo	13
Comunicação	8

❶ Para ajustar a largura da coluna, clique na junção das colunas e arraste até a largura desejada.

Observe que, quando a tabela está selecionada, aparecem duas novas guias: *Design de Tabela* e *Layout*.

Na guia *Design de Tabela* encontramos os seguintes grupos:

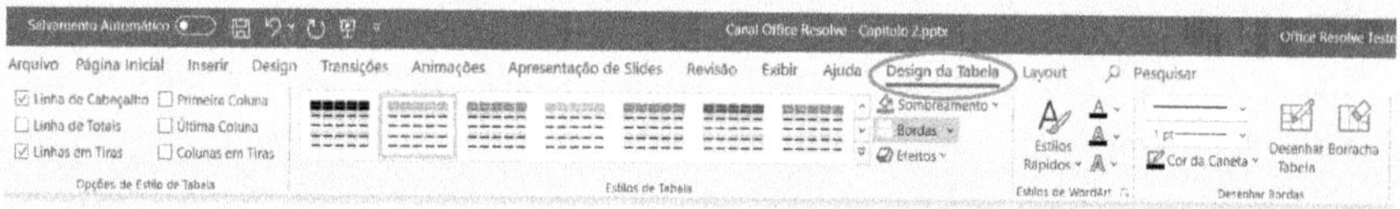

- *Opções de Estilo de Tabela*: apresenta alternativas para modificar o estilo da tabela selecionada.
- *Estilos de Tabela*: apresenta estilos predefinidos de formatação e os recursos de *Sombreamento*, *Bordas* e *Efeitos*, com os quais é possível ajustar a aparência da tabela.
- *Estilos de WordArt*: os textos dos rótulos e das células das tabelas também podem ser formatados com *WordArt*, como veremos em detalhes mais à frente neste capítulo.
- *Desenhar Bordas*: permite desenhar uma borda diferente do padrão.

Na guia *Layout* encontramos os seguintes grupos:

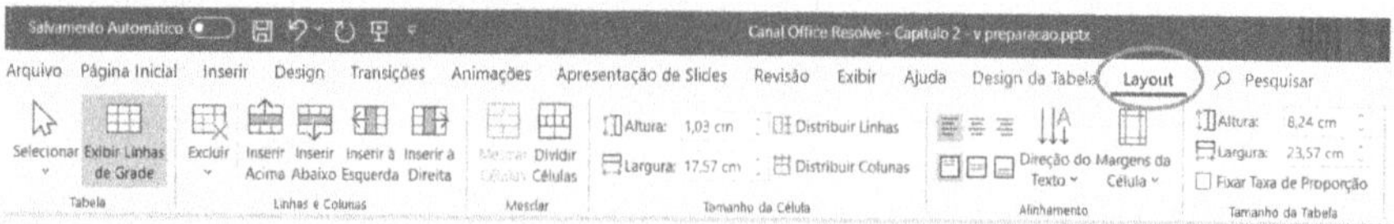

- *Tabela*: neste grupo de comandos, é possível selecionar a tabela inteira, uma linha ou uma coluna, além de exibir ou ocultar as linhas de grade.

- *Linhas e Colunas*: possibilita incluir ou excluir linhas e colunas.
- *Mesclar*: use o comando *Mesclar Células* para transformar todas as células selecionadas em uma só. Ou use o comando *Dividir Células* para dividir a célula selecionada em duas ou mais.
- *Tamanho da Célula*: use os comandos neste grupo para aumentar, diminuir ou redistribuir as células da tabela.
- *Alinhamento*: possibilita mudar o alinhamento do texto dentro da célula ou alterar a direção do texto.
- *Tamanho da Tabela*: permite alterar a largura ou a altura da tabela toda.

Inserir Gráfico

No terceiro slide, mostraremos um gráfico com a evolução do número de inscritos no canal. Os gráficos são muito úteis para resumir dados e transmitir informações de uma forma bem fácil de entender.

1. Inclua o terceiro slide, escolhendo novamente o tipo *Título e Conteúdo.*
2. Selecione o título do slide e digite *Evolução de Inscritos.*
3. Nas opções de conteúdo do próprio slide, escolha a opção *Inserir Gráfico.*

O primeiro passo é escolher o tipo de gráfico que queremos mostrar. Por isso, pode ser interessante decidir antecipadamente como se pretende mostrar a informação na apresentação.

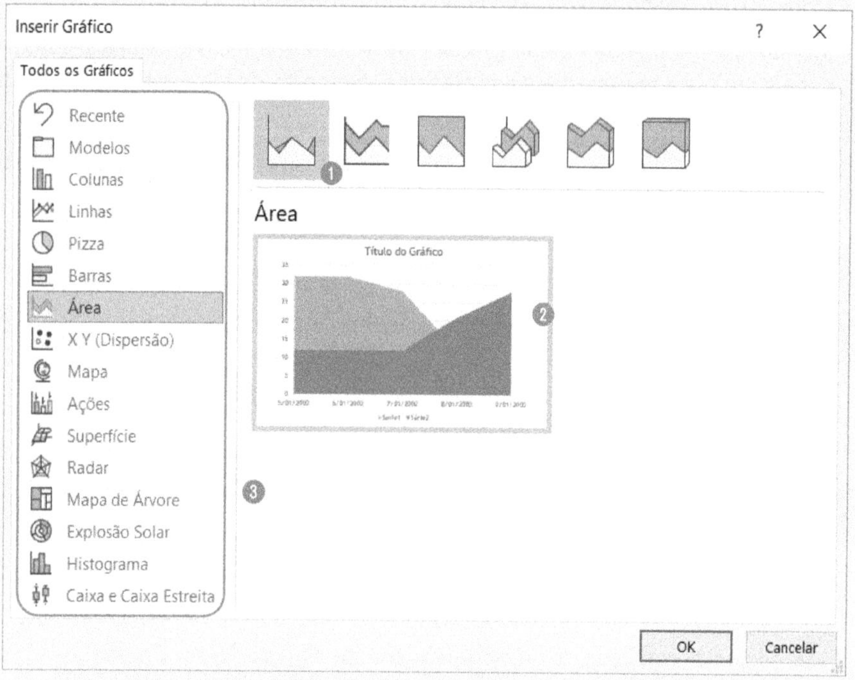

❶ Escolha o tipo de gráfico que ajude a audiência a entender a informação que será mostrada. ❷ Para cada tipo de gráfico, existem opções de subtipos. ❸ Ao clicar nos subtipos, o PowerPoint mostrará a aparência que o gráfico terá.

4. Para mostrar a evolução de um número, como é o nosso intuito, escolha o gráfico do tipo *Área* e o primeiro subtipo, que também se chama *Área*.

5. Clique em *OK* para inserir o gráfico. O PowerPoint abrirá uma tela de edição de dados do gráfico, muito parecida com o Microsoft Excel.

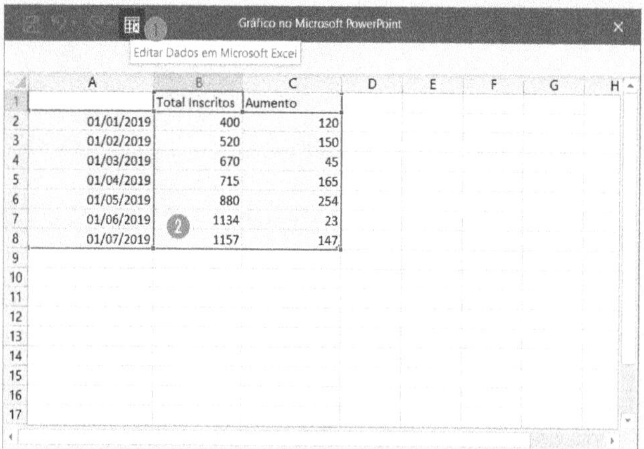

❶ Use o recurso *Editar Dados em Microsoft Excel* se for editar dados muito complexos.

❷ Os dados que estiverem selecionados nesta planilha serão usados para criar o gráfico.

6. Digite os dados conforme aparecem na figura anterior e feche a janela (não é necessário salvar a planilha antes de fechar a tela de edição).

O PowerPoint vai inserir no slide um gráfico com base nos dados digitados.

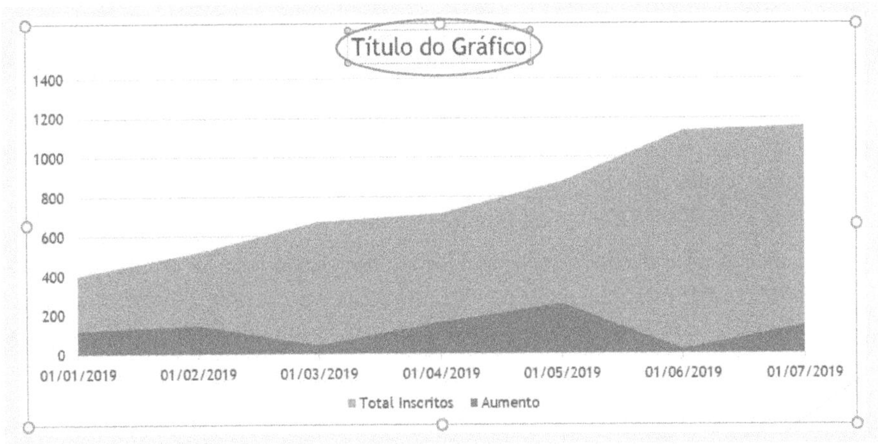

7. Clique no título do gráfico e digite *1º Semestre/2019.*

Observe que, quando o gráfico está selecionado, aparecem duas novas guias *Design do Gráfico* e *Formatar.*

Na guia *Design do Gráfico,* encontramos os seguintes grupos:

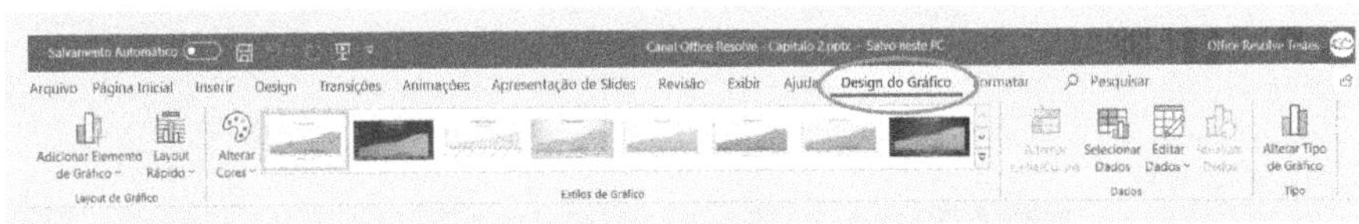

- *Layout de Gráfico*: este grupo de comandos possibilita incluir itens gráficos, como legendas ou rótulos por meio do comando *Adicionar Elemento de Gráfico.* Também encontramos o comando *Layout Rápido*, com opções pré-formatadas de gráficos.
- *Estilos de Gráfico*: assim como vimos nas tabelas, é possível escolher entre vários estilos (variações de cores, formatos e efeitos) pré-formatados de gráfico, que são boas opções para fazer um trabalho mais profissional com menos esforço.
- *Dados*: quando for necessário ajustar ou incluir dados de um gráfico, ou alterar a seleção de dados que deu origem ao gráfico, é possível acessar a planilha de origem usando as opções deste grupo de comandos.
- *Tipo*: o comando *Alterar Tipo de Gráfico* abrirá a mesma tela que usamos no primeiro passo de criação de gráfico, permitindo escolher outro tipo de gráfico que melhor se adeque às necessidades.

Na guia *Formatar*, encontramos os seguintes grupos:

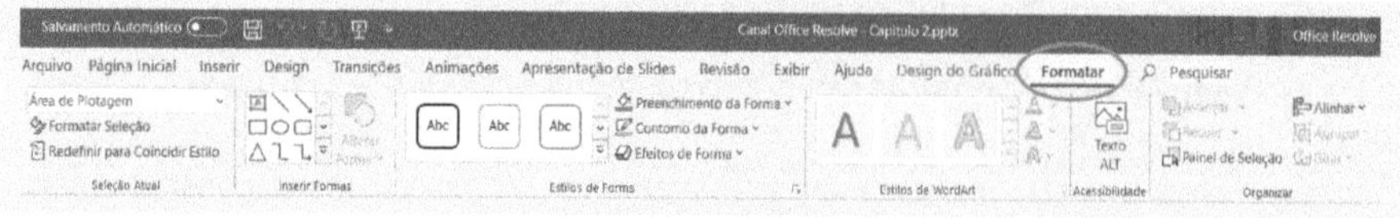

- *Seleção Atual*: esse grupo de comandos facilita a alteração de itens específicos do gráfico, como o título. É possível alterar ou ajustar o item selecionado para que fique igual ao estilo escolhido. Não esqueça que o gráfico é um conjunto de várias partes pequenas (título, legenda, rótulo, entre outras), que podem ser alteradas ao clicar sobre elas (da mesma maneira que alteramos o título do gráfico).
- Os demais grupos desta guia alternam de acordo com o item do gráfico que esteja selecionado. Por exemplo, o título é um texto, por isso permite a formatação como um *WordArt*. Formate todos os itens da mesma forma que faria se não estivesse alterando um gráfico.

Inserir *SmartArt*

O quarto slide mostrará as previsões de novos vídeos do canal. Para isso, vamos usar um recurso muito útil chamado *SmartArt*. Esse recurso funciona como uma imagem dinâmica e inteligente, que se adequa ao tipo de informação exibida.

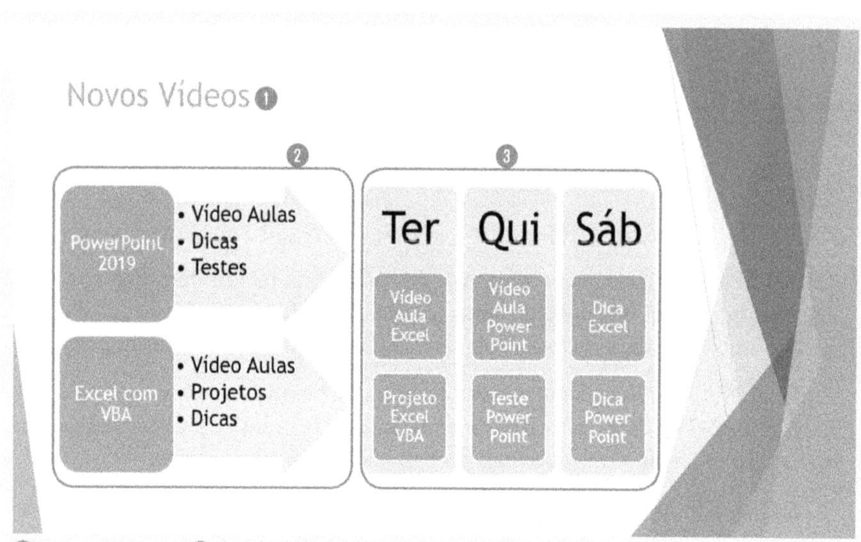

1 Título do slide. 2 Elemento gráfico *SmartArt 1*. 3 Elemento gráfico *SmartArt 2*.

1. Inclua mais um slide, escolhendo o tipo *Duas Partes de Conteúdo*.
2. Selecione o título do slide e digite *Novos Vídeos*.
3. No lado esquerdo do slide, escolha a opção *Inserir um Elemento Gráfico SmartArt*.

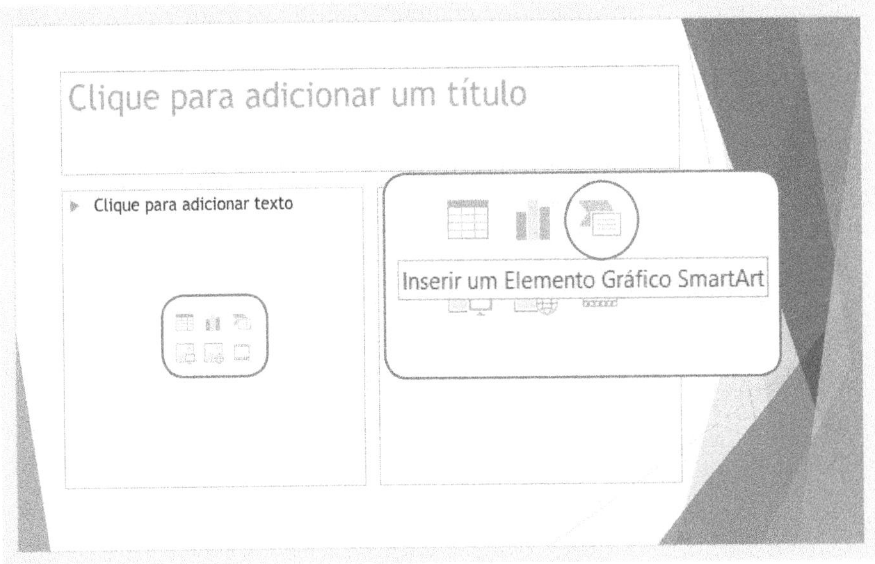

Ao escolher a inclusão de um *SmartArt*, é necessário decidir que tipo de informação vamos mostrar, uma vez que há dezenas de modelos disponíveis. A tela inicial de inclusão facilita essa decisão, separando os tipos em grupos:

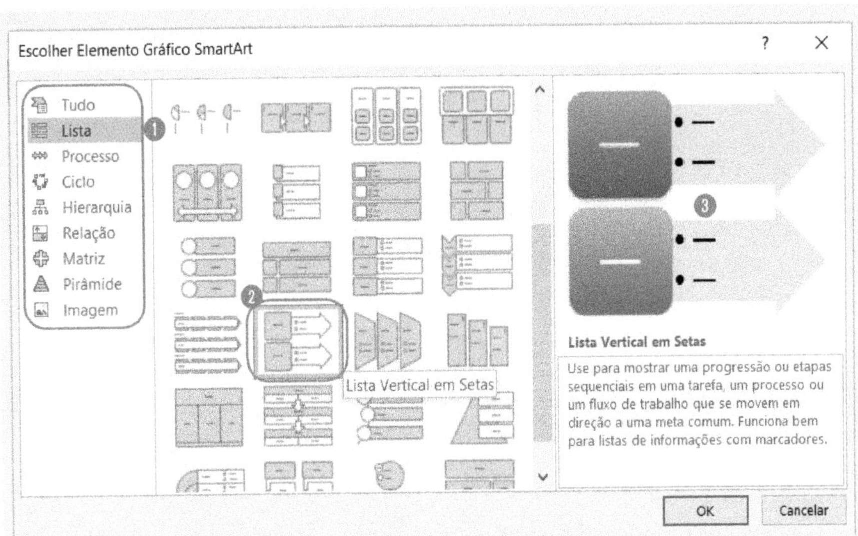

❶ Tipos disponíveis de *SmartArt*. ❷ Cada tipo apresenta várias opções.
❸ O PowerPoint mostrará um exemplo e uma descrição do tipo escolhido.

4. Escolha o tipo *Lista* e, em seguida, a opção *Lista Vertical em Setas*.

5. Clique em *OK*. O PowerPoint incluirá uma cópia do *SmartArt* escolhido, com a notação *[Texto]* nos lugares onde se pode editar texto. Substitua essas notações conforme a imagem a seguir:

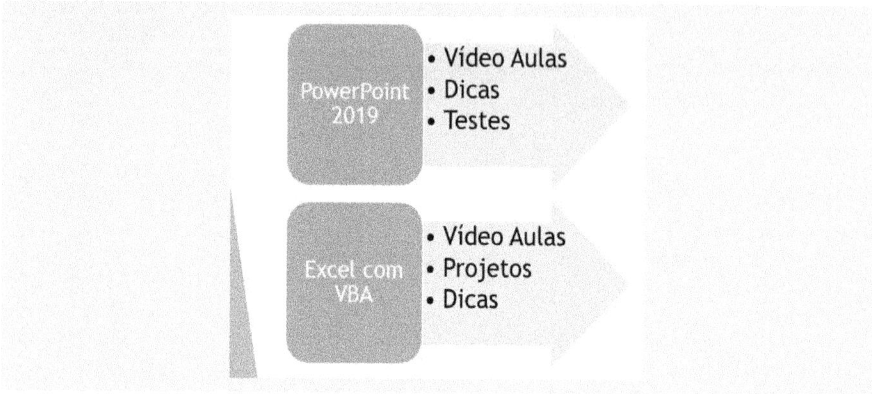

6. Na sequência, escolha novamente a opção de *Inserir SmartArt* para o conteúdo da direita.

7. Escolha o tipo *Lista* e, em seguida, *Lista Agrupada*.

8. Clique em *OK* e substitua as notações de *[Texto]* conforme a imagem a seguir:

Observe que com pouquíssimo esforço pudemos criar um efeito visual bem interessante.

Note também que quando o *SmartArt* está selecionado aparecem duas novas guias: *Design SmartArt* e *Formatar*.

Na guia *Design SmartArt* encontramos os seguintes grupos:

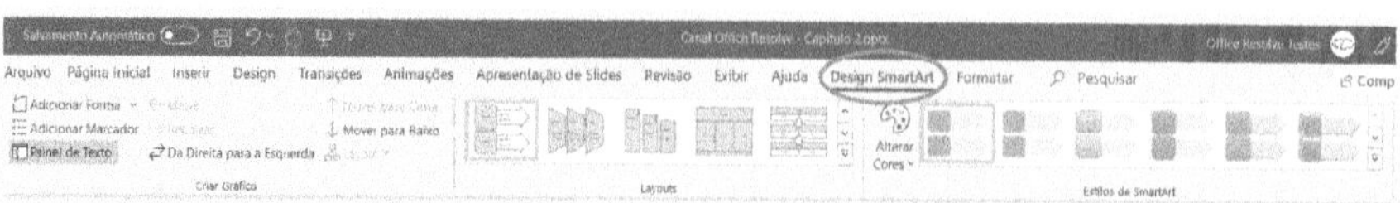

- *Criar Gráfico*: o primeiro grupo de comando possibilita inserir novos itens gráficos nos *SmartArts* ou alterar a posição dos elementos já adicionados. Os comandos disponíveis neste grupo mudam de acordo com o tipo de *SmartArt* selecionado.
- *Layouts*: é possível alterar o tipo do *SmartArt* depois de escolhido. Ao fazer isso, os textos são mantidos, mas a aparência da figura é alterada.
- *Estilos de SmartArt*: semelhante ao que já vimos para tabela e gráfico, também permite alterar o estilo dos *SmartArts* (cor, formato, efeitos, etc.).

Na guia *Formatar*, encontramos os seguintes grupos:

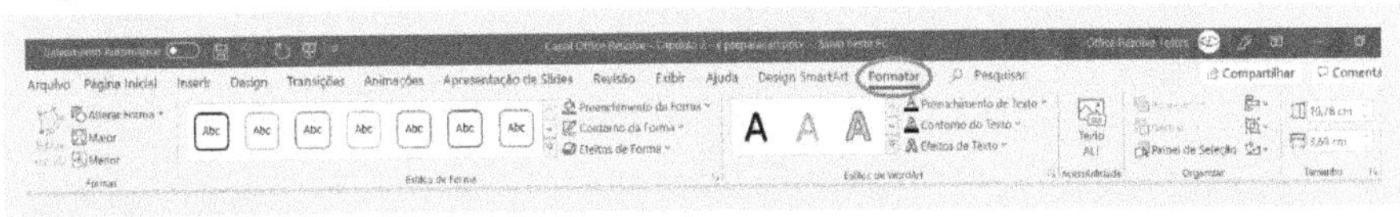

- *Formas:* possibilita alterar as formas que compõem o *SmartArt*.
- *Estilos de Forma*: permite alterar o estilo de uma ou mais formas que compõem o *SmartArt*. Lembrando que é mais fácil alterar diretamente o layout do *SmartArt*, o que também é melhor para manter a harmonia visual.
- *Estilos de WordArt*: os textos presentes nos *SmartArts* podem ser formatados como *WordArt*, como veremos adiante.

Inserir Formas

No quinto slide, mostraremos um fluxo simplificado de como manter um canal de vídeos. Para isso, vamos usar as formas geométricas, que podem ser usadas como itens principais (como faremos neste exemplo), ou para complementar slides feitos com os outros recursos que aprendemos neste capítulo.

Para compor esse slide, vamos usar a guia *Inserir*, para perceber que os outros recursos que já vimos também podem ser acessados por essa guia.

❶ Incluir tabelas. ❷ Incluir formas. ❸ Incluir *SmartArt*. ❹ Incluir gráfico.

Note também que o botão *Novo Slide* aparece logo no início da guia *Inserir*. É exatamente o mesmo botão que estávamos usando na guia *Página Inicial*. Vamos usar a guia *Inserir* em todos os passos da criação desse novo slide.

1. Inclua mais um slide, escolhendo o tipo *Em Branco*.

Vamos incluir as formas individualmente, até que o slide fique como o da figura a seguir:

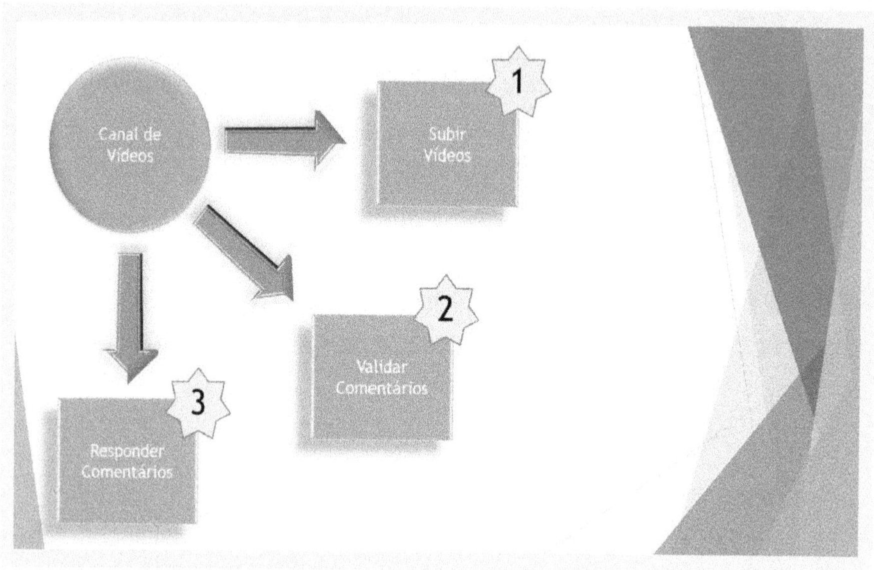

2. Com o slide em branco, clique em *Inserir*, depois em *Formas*, e escolha *Elipse* (no grupo *Formas Básicas*).
3. Depois de escolher a forma, clique no ponto do slide em que deseja inseri-la.

Agora, vamos redimensionar a forma de maneira que fique com a mesma largura e altura (para ficar no formato de círculo). Para isso, pode-se clicar nas bordas da forma e arrastá-las, mas é mais fácil usar a guia *Formato de Forma*:

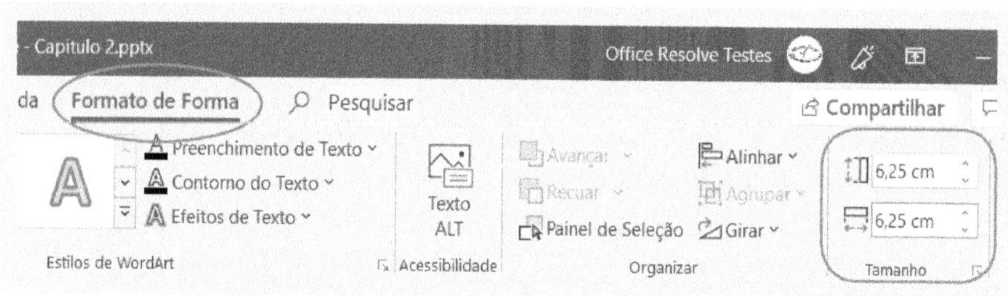

4. Ajuste a largura e a altura para *6,25 cm*.

Ainda na guia *Formato de Forma*, encontramos no grupo *Estilos de Forma* a opção *Efeitos de Forma*:

1 No efeito *Predefinição*, é possível encontrar algumas opções que deixam a forma com uma aparência interessante.

5. Em *Efeitos de Forma*, selecione *Predefinição 2.*
6. Após ajustar o formato, vamos escrever o texto que deve ficar dentro da forma. Para isso, basta digitar o texto enquanto a forma estiver selecionada. Digite *Canal de Vídeos* dentro do círculo.
7. Seguindo a figura do slide que devemos montar, vamos desenhar as três setas indicativas. Escolha *Inserir*, depois *Formas* e então *Setas Largas.*
8. Clique próximo ao círculo para inserir a seta e depois ajuste a sua altura para *2,2 cm* e a largura para *5,25 cm.*
9. Vamos aplicar um *Efeito de Forma* como fizemos no círculo, mas dessa vez aplique o tipo *Predefinição 12.*
10. Selecione uma das formas e, segurando a tecla *Ctrl*, clique sobre a outra forma para selecionar as duas.
11. Em seguida, na guia *Formato de Forma*, clique em *Alinhar* e escolha a opção *Alinhar ao Meio*, como mostra a figura a seguir:

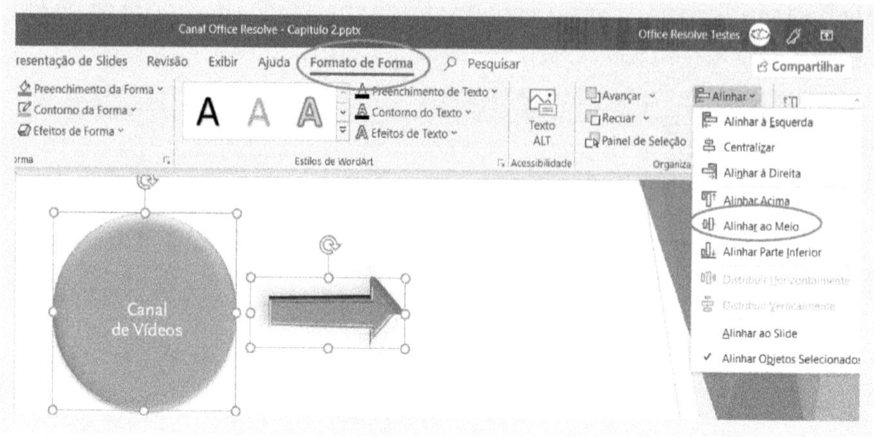

12. Selecione apenas a seta e pressione *Ctrl* + *C*. Em seguida, tecle *Ctrl* + *V* duas vezes.
13. As três setas foram criadas uma sobre a outra. Arraste uma delas para baixo do círculo, como na figura a seguir, e depois use o recurso *Girar 90° para a Direita* para que ela aponte para baixo:

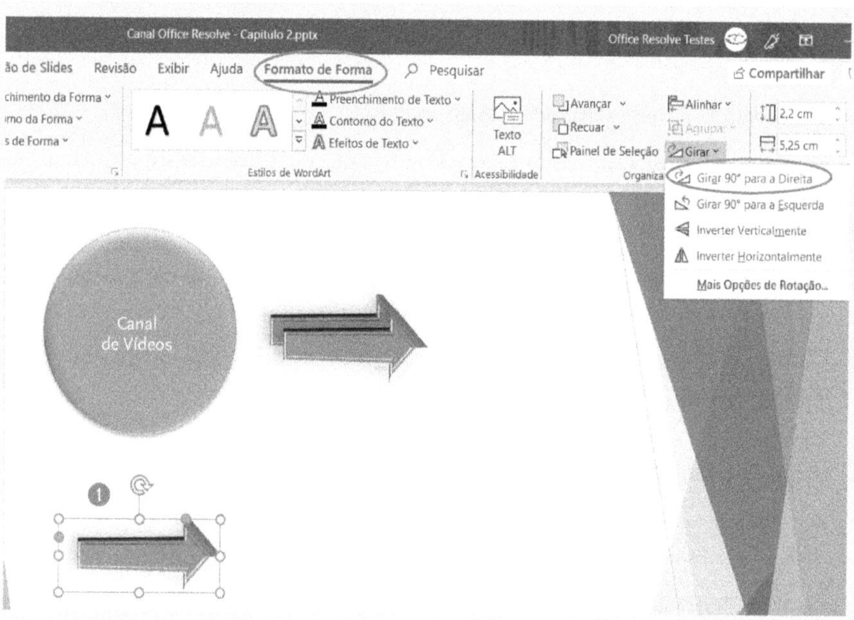

1 Também é possível usar a alça de rotação para girar a seta, como faremos no próximo passo.

14. Se achar que é preciso ajustar o alinhamento, selecione o círculo e a seta para baixo, vá na guia *Formato de Forma*, depois em *Alinhar* e selecione *Centralizar*.

15. A última seta deve ficar com uma inclinação aproximada de 45°, o que pode ser feito manualmente com a alça de rotação. Use como base a imagem do slide final (que está logo após o passo 3) e posicione a última seta.

16. Assim como fizemos com as setas, crie três retângulos com altura de *4,5 cm* e largura de *5,5 cm* e escolha o efeito *Predefinição 5*.

17. Nos retângulos, digite *Subir Vídeos* no primeiro, *Validar Comentários* no segundo e *Responder Comentários* no terceiro.

18. Por último, usando a forma *Estrela de 7 Pontas*, que está no grupo de formas *Estrelas e Faixas*, crie os indicadores de passos, que ficarão posicionados nos cantos dos retângulos.

19. Escolha *Preenchimento da Forma* na cor *Amarelo*.

20. Altere a cor da fonte para *Preta* e o tamanho para *36*.

> Você pode criar a primeira estrela com todos os ajustes necessários e depois copiá-la e colá-la, alterando apenas o número que está dentro dela.

Se ficar com dúvidas, veja novamente a imagem do slide.

Inserir WordArt

É sempre bom ter um slide que finalize bem a apresentação, fechando a ideia e valorizando o assunto que foi tratado. Como estamos falando de um canal de vídeos, nosso sexto slide será composto pelas palavras *Comente*, *Curta* e *Compartilhe*. Para realçar o formato do slide e trazer uma aparência mais profissional, vamos usar o *WordArt*.

1. Inclua mais um slide, escolhendo o tipo *Em Branco*.
2. Vá na guia *Inserir*, clique em *WordArt* e escolha o formato que mais gostar.
3. Aparecerá uma caixa de texto onde estará escrito *Insira o texto aqui*. Digite *Comente* e pressione *Enter* para formar uma nova linha. Digite *Curta* e pressione *Enter*. Por fim, digite *Compartilhe*.
4. Na guia *Página Inicial*, aumente a fonte para o tamanho *80*.

5. Com o texto selecionado, na guia *Formato de Forma*, vá em *Efeitos de Texto* e clique em *Botão*, para que o slide fique como na figura a seguir:

6. Salve a apresentação e pressione *F5* (ou vá na guia *Apresentação de Slides* e use o botão *Do Começo*) para ver como ficou a apresentação.

Neste capítulo, pudemos ver os principais recursos que o PowerPoint 2019 oferece para montar uma apresentação. Agora, faça os exercícios a seguir.

Exercícios

Crie uma nova apresentação e tente reproduzir os slides a seguir usando os recursos aprendidos neste capítulo. Na sequência, há uma descrição dos recursos que foram usados em cada um.

Exercício 1: slide de título

Recursos utilizados:

- No slide
  - Guia *Design*, grupo *Temas*, opção *Celeste*.
- No título
  - Aba *Ferramentas de Desenho*, guia *Formatar*, comando *Efeitos de Texto*, opção *Transformação*.
  - Guia *Página Inicial*, grupo *Fonte*, opção *Algerian*.
- Nas formas
  - Guia *Inserir*, comando *Formas*, opção *Estrela de 7 pontas*.
  - Aba *Ferramentas de Desenho*, guia *Formatar*, comando *Alinhar*, opção *Transformação*.

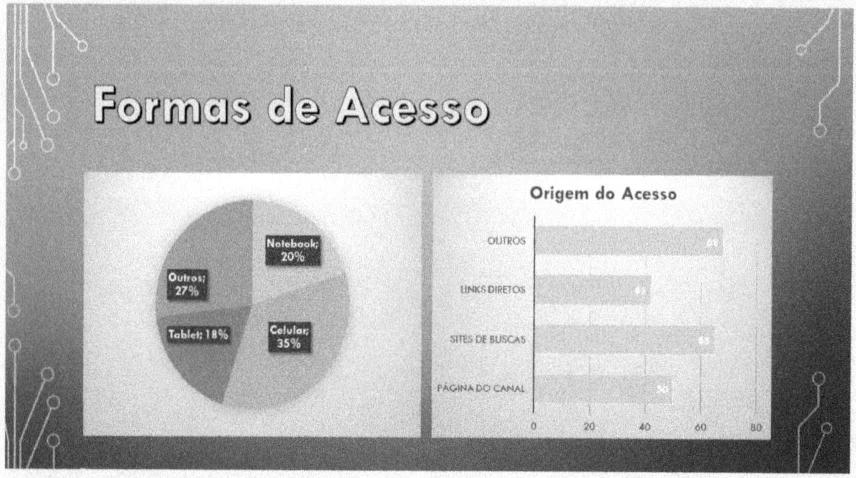

Recursos utilizados:

- No slide
  - Guia *Página Inicial*, comando *Layout Rápido*, opção *Duas Partes de Conteúdo.*
  - Guia *Design*, grupo *Temas*, opção *Circuito.*
- No título
  - Guia *Inserir*, comando *WordArt.*
- Nos gráficos
  - Guia *Inserir*, comando *Gráfico*, opção *Pizza.*
  - Guia *Inserir*, comando *Gráfico*, opção *Barras.*
  - Digitar os dados de acordo com a imagem acima.

Anotações

Anotações

3
Trabalhando com imagens

Usar imagens na apresentação é um recurso muito importante, porque muitas vezes será necessário incluir imagens relacionadas ao assunto de que falaremos, ou mesmo incluir a identidade visual da empresa. As imagens podem ser a parte principal do slide ou apenas um complemento, por isso é importante saber em detalhes como usar esse recurso.

Inserindo imagens do computador

Para aprender a trabalhar com imagens, vamos usar o logo do Senac, que você já deve ter baixado, e faremos um slide com várias versões da mesma imagem.

1. Comece uma nova *Apresentação em Branco* (sem usar tema).
2. Mude o layout do primeiro slide para *Em Branco*.

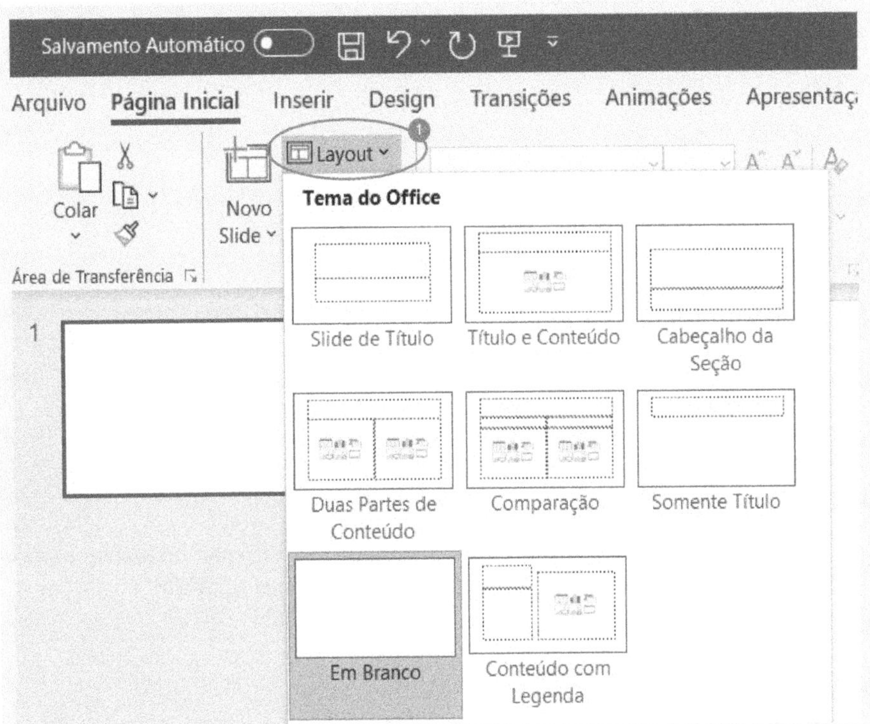

❶ Mesmo depois de inserir o slide, é possível mudar o layout. Para isso, basta selecionar o slide e escolher o novo layout.

3. Agora, vamos incluir o logo do Senac no slide em branco. Usando a guia *Inserir*, clique em *Imagens* (não confunda com *Imagens Online*, que veremos adiante).

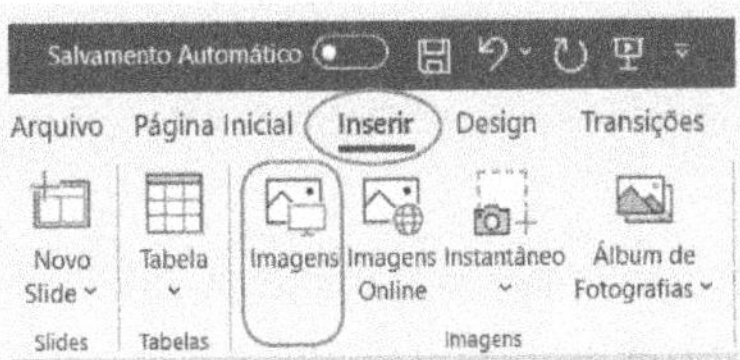

4. O PowerPoint abrirá a janela *Inserir Imagem*, que é a mesma usada para encontrar arquivos no computador, com a diferença de que aqui são filtrados apenas os arquivos de imagem. Encontre o local onde a imagem está salva e clique em *Abrir*.

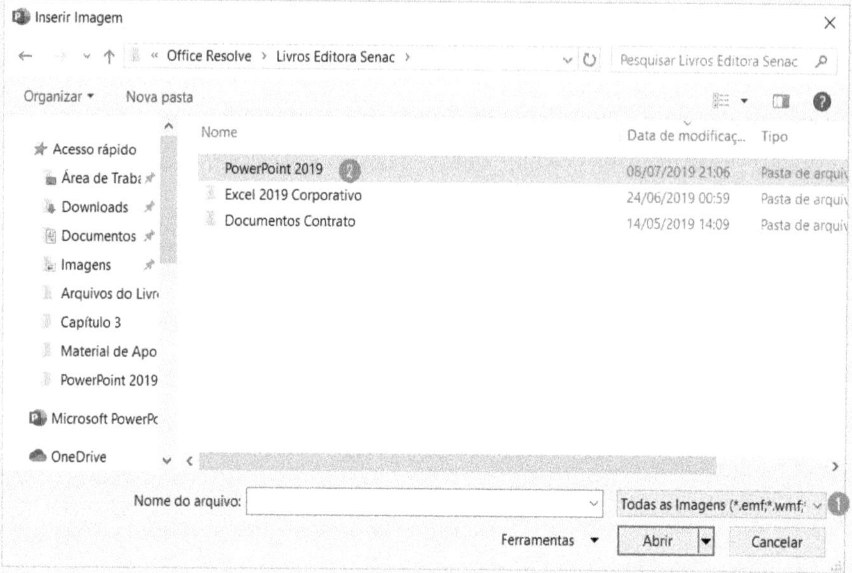

❶ É possível selecionar um tipo de imagem específico (por exemplo, *.png*) ou procurar por todos os tipos de imagens (padrão). ❷ Procure nas pastas do computador os arquivos de imagem que deseja inserir.

5. Se não tiver o logo do Senac disponível, você pode usar qualquer imagem que esteja no seu computador. Depois de selecionar o arquivo, clique em *Abrir*.

A imagem foi incluída no slide e agora é possível fazer vários tipos de ajustes. Vamos copiar nove vezes o logo do Senac e fazer algumas alterações para conhecermos os recursos do PowerPoint.

6. Selecione a imagem incluída e use as teclas de atalho *Ctrl* + *C* e *Ctrl* + *V* para criar duas cópias. Posicione-as uma abaixo da outra sem se preocupar por enquanto se estão perfeitamente alinhadas.

Temos duas opções para fazer o alinhamento. A primeira é com as guias de alinhamento, como mostra a figura a seguir:

7. Clique na primeira cópia e arraste-a até aparecerem as guias de alinhamento, continuando a arrastá-la até ficar centralizada com a original.

Agora, vamos alinhar todas as imagens usando o recurso *Alinhar*.

8. Selecione a imagem original e, mantendo a tecla *Ctrl* pressionada, clique sobre as duas cópias para selecioná-las. Em seguida, clique em *Formato da Imagem* e depois em *Alinhar*, como mostra a imagem a seguir:

9. Em seguida, escolha a opção *Alinhar ao Meio*, para centralizar as imagens em relação ao slide. Depois, clique em *Distribuir Verticalmente*, para deixar a mesma distância entre uma imagem e outra.

Agora que as três imagens estão alinhadas, vamos criar mais dois grupos com três imagens cada um.

10. Selecione as três imagens e use *Ctrl + C* e *Ctrl + V* para criar um conjunto de imagens novo. Use as guias de alinhamento para posicionar as novas imagens à esquerda do slide.

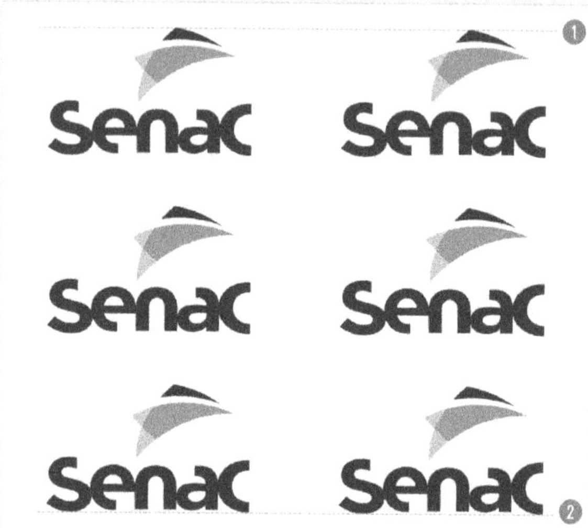

(1) Ao arrastar as três novas imagens, observe que a guia mostra o alinhamento entre as duas imagens de cima. Como o grupo já estava alinhado, as demais imagens estarão alinhadas automaticamente. (2) A guia que aparece na parte de baixo confirma que as três imagens estão alinhadas. Lembre-se de arrastar as três imagens ao mesmo tempo, para facilitar o trabalho.

11. Agora, repita a operação, colando mais três imagens do lado direito do slide, para que fique como o da figura abaixo:

A seguir, vamos ver os primeiros recursos que podemos encontrar na guia *Formato da Imagem*, lembrando que essa guia só aparece quando uma imagem está selecionada:

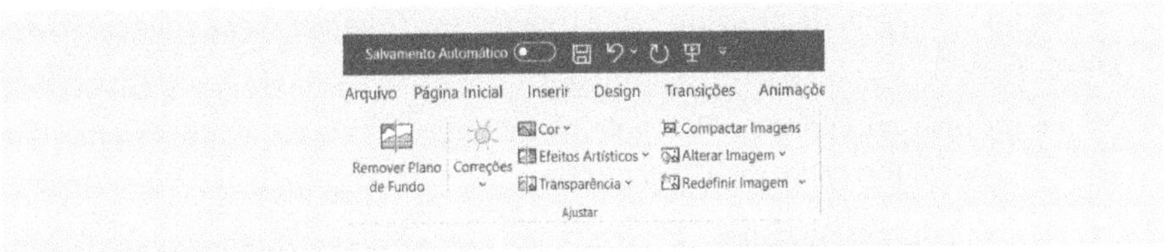

Algumas das opções apresentadas na guia *Formato da Imagem* são as seguintes:

- *Remover Plano de Fundo*: remove planos de fundo de imagens compostas. Nem sempre terá o efeito desejado, porque a imagem pode já ter sido tratada.
- *Correções*: possibilita fazer correções de brilho, contraste e nitidez.
- *Cor*: possibilita correções na saturação e na tonalidade das cores.
- *Efeitos Artísticos*: possui efeitos predefinidos que valorizam a imagem.
- *Transparência*: ajusta a percepção de transparência na imagem.
- *Alterar Imagem*: possibilita substituir a imagem que foi inserida.
- *Redefinir Imagem*: volta às configurações originais da imagem.

Vamos aplicar efeitos diferentes em cada uma das imagens para percebermos as diferenças. Não mexeremos na primeira imagem da primeira coluna, para servir de comparação.

12. Selecione a primeira imagem da segunda coluna e, na guia *Formato da Imagem*, clique em *Cor* e escolha a opção *Ouro – Cor da Ênfase, Tom Escuro*.

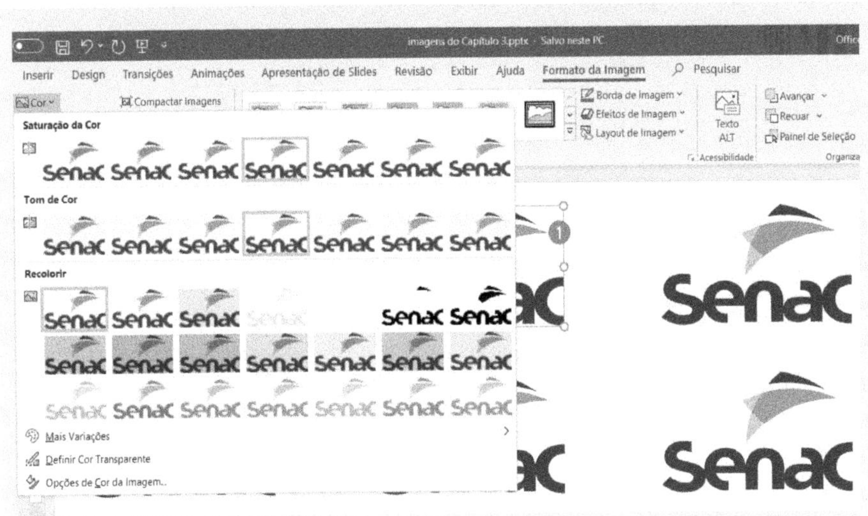

❶ Lembre de selecionar apenas a segunda imagem. Os efeitos serão aplicados em todos os itens que estiverem selecionados.

13. Na primeira imagem da terceira coluna, clique em *Efeitos Artísticos* e aplique *Extremidades Brilhantes.*

14. Na segunda imagem da primeira coluna, clique em *Transparência* e aplique *Transparência: 80%.*

15. Na mesma imagem, clique em *Redefinir Imagem*, apenas para testar esse recurso. Em seguida, reaplique o efeito de transparência.

O slide até agora deve estar assim:

Agora, vamos trabalhar um pouco com os *Estilos de Imagem*, que são formatações predefinidas denominadas *Predefinições*. Também é possível aplicar bordas e ajustar detalhes como espessura ou formato do traço.

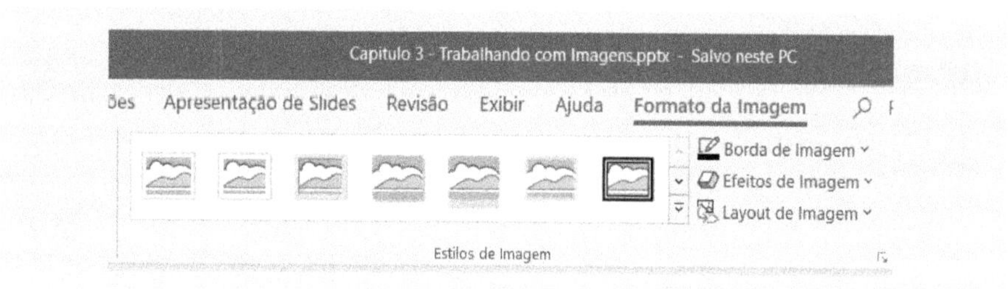

16. Na segunda imagem da coluna do meio, clique em *Estilos de Imagem* e aplique *Canto Diagonal Arredondado, Branco.*

17. Na segunda imagem da terceira coluna, em *Efeitos de Imagem*, clique em *Predefinição* e aplique a *Predefinição 2.*

18. Na mesma imagem, clique em *Borda de Imagem* e, em *Cores do Tema*, aplique *Preto, Texto 1.*

19. Na terceira imagem da primeira coluna, clique em *Efeitos de Imagem*, vá em *Rotação 3D* e, no grupo *Perspectiva*, selecione *À Direita, Inclinada para Cima.*

20. Em seguida, na mesma imagem, clique em *Efeitos de Imagem*, clique em *Bisel* e aplique *Redonda*.

O slide estará com a seguinte aparência agora:

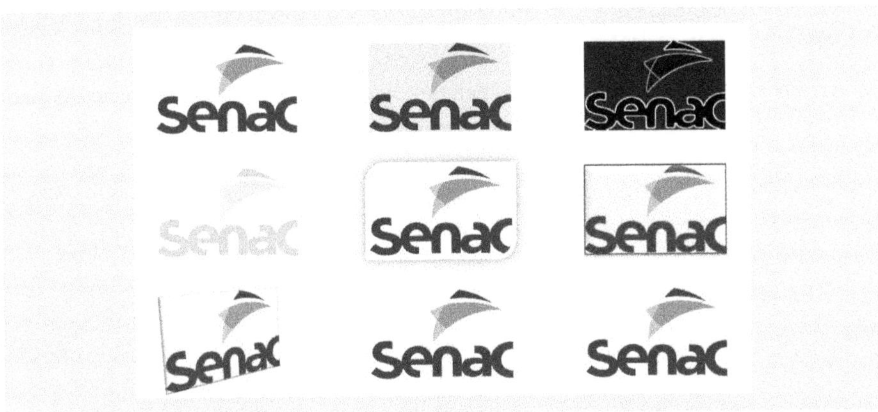

21. Vamos agora trabalhar com os dois últimos grupos de comandos da guia *Formatar*:

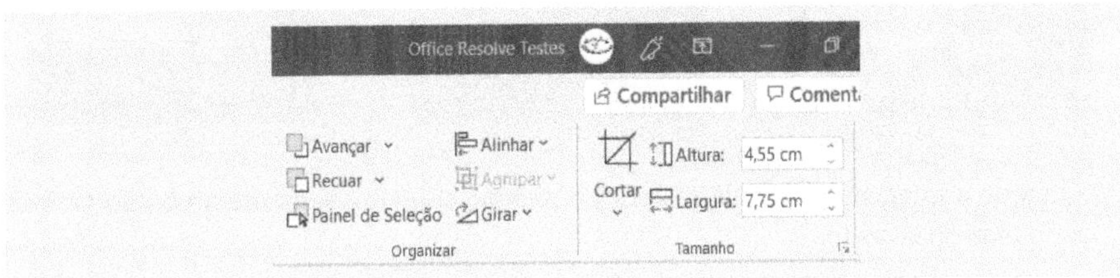

As opções apresentadas são as seguintes:

- *Avançar*: traz a imagem mais para a frente em relação aos outros objetos do slide.
- *Recuar*: leva a imagem mais para trás em relação aos outros objetos do slide.
- *Painel de Seleção*: abre o painel de seleção de imagens, que pode ser bem útil em slides com muitas figuras.
- *Alinhar*: facilita o alinhamento das imagens em relação a outros objetos do slide (como outras imagens).
- *Agrupar*: agrupa duas ou mais imagens (ou objetos) para que se comportem como um único objeto.
- *Girar*: permite girar a imagem sobre seu próprio eixo.
- *Cortar*: permite recortar a imagem para mostrar apenas as partes mais importantes.
- *Altura* e *Largura*: permitem ajustar o tamanho da imagem de forma mais precisa.

22. Na terceira imagem da coluna do meio, clique em *Girar* e aplique *Inverter Horizontalmente.*

23. Na terceira imagem da última coluna, vamos recortar as partes escritas e deixar apenas o desenho de cima. Para isso, clique em *Cortar,* e o PowerPoint marcará a imagem com uma borda de recorte.

24. Arraste a borda de recorte até que apenas o desenho do logo esteja aparecendo, sem o nome *Senac*, como mostra a imagem a seguir;

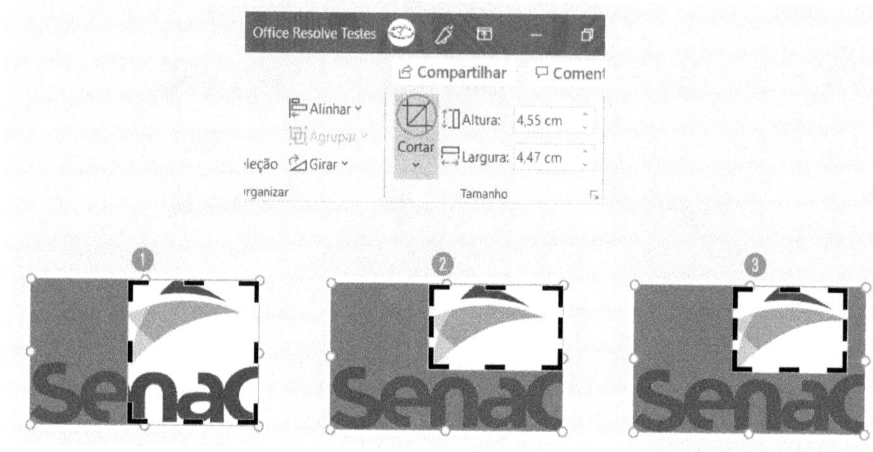

25. Quando a imagem estiver da maneira desejada, clique novamente no botão *Cortar* para efetivar o corte.

Depois de todas as alterações, o slide deve estar com a seguinte aparência:

26. Salve o novo slide.

Usando o *Painel de Seleção* de Imagens

Quando um slide possuir muitas figuras sobrepostas, pode ficar difícil selecionar a imagem desejada. Por isso, temos uma ferramenta muito interessante, o *Painel de Seleção.*

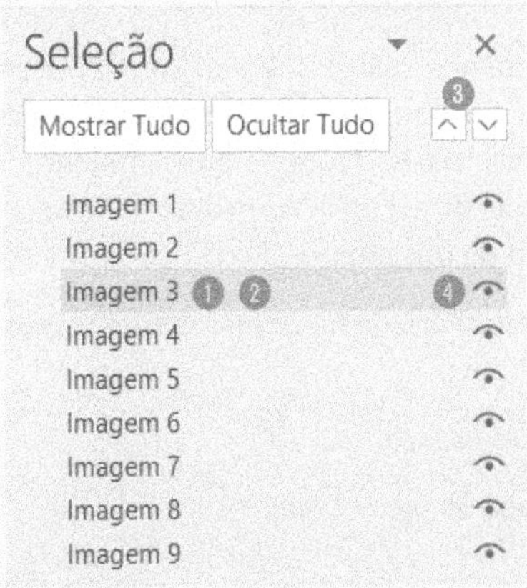

❶ Clicando sobre o nome da imagem, ela será automaticamente selecionada no slide. ❷ Clicando novamente sobre o nome da imagem, é possível renomeá-la para facilitar a organização. ❸ Usando as setas para cima e para baixo, pode-se alterar a ordem das imagens, para melhorar a visualização. ❹ Clicando no ícone do olho, é possível deixar a imagem oculta ou visível no slide.

Alinhamento de imagens

Ao selecionar duas ou mais imagens (usando a tecla *Ctrl*, por exemplo), é possível alinhá--las mais facilmente usando os comandos do grupo *Alinhar*.

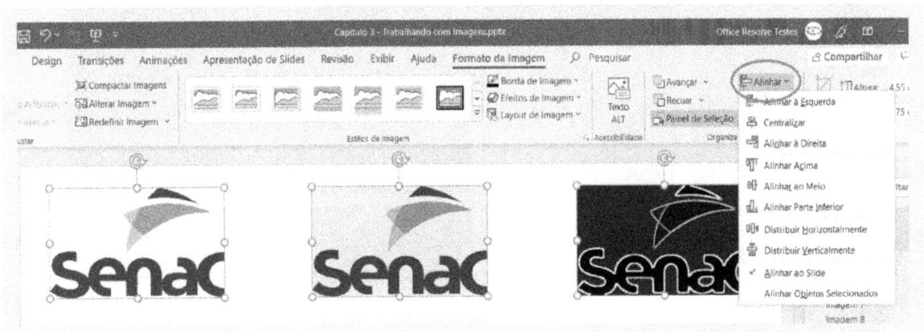

Observe que no exemplo acima as três imagens selecionadas estão na mesma linha, e assim poderia ser interessante usar *Alinhar ao Meio*. Porém, é importante perceber que existem dois tipos de alinhamento:

- *Alinhar ao Slide*: alinha os objetos selecionados em relação ao slide. Quando escolhemos *Alinhar ao Meio*, os objetos ficarão no meio do slide.
- *Alinhar Objetos Selecionados*: alinha os objetos selecionados entre si. Neste caso, as três imagens ficariam alinhadas pelo meio. Como as três têm o mesmo tamanho, ficariam perfeitamente alinhadas.

Para alternar entre os modos de alinhamento, basta clicar no item que desejar do menu *Alinhar*.

Incluindo imagens da web

O Microsoft Office está cada vez mais integrado com a internet, e alguns dos recursos que usamos no PowerPoint 2019 funcionam diretamente on-line. Existem muitas fontes de imagens na internet, mas usá-las requer alguns cuidados, como conhecer o tipo de licença (de uso público, específica, etc.). Por padrão, o PowerPoint adiciona as informações necessárias para o uso da imagem.

Usando a mesma apresentação criada no item anterior, vamos incluir algumas imagens da web.

1. Insira um novo slide *Em Branco*.
2. Na guia *Inserir*, clique em *Imagens Online*.

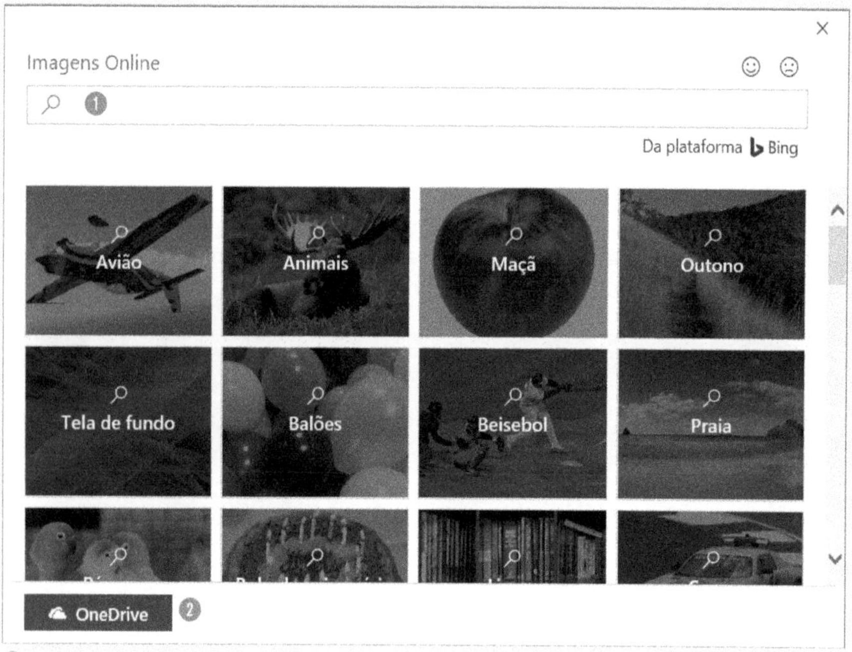

1 Pesquise imagens digitando o assunto ou uma palavra-chave. 2 É possível pesquisar imagens no OneDrive também.

Como a internet é extremamente dinâmica, você não conseguirá acompanhar o exercício a seguir com as mesmas imagens que aparecem no passo a passo. Mas fique tranquilo: o importante é aprender a usar a ferramenta.

3. Escolha uma categoria e em seguida selecione a imagem que deseja inserir no slide.

A seguir, um exemplo de imagem inserida. Perceba que na parte inferior aparecem os detalhes da imagem escolhida:

Esta Foto de Autoria de Office Resolve está licenciado em CC BY-SA

❶ Link para a localização original onde a imagem está armazenada. ❷ Crédito para o autor da imagem. ❸ Tipo de licença da imagem.

Alguns tipos de licença permitem alterar a imagem e distribuí-la, inclusive com propósitos comerciais.

Caso queira (e seja permitido) alterar a imagem, utilize os recursos que já vimos neste capítulo.

Aplicando *Ideias de Design*

Um recurso interessante que pode ser aplicado nos slides e nas imagens da web é o comando chamado *Ideias de Design*.

1. Escolha mais quatro imagens diferentes e as insira no mesmo slide (pode deixá-las uma por cima das outras sem se preocupar com a aparência por enquanto).
2. Após inserir as cinco imagens aleatoriamente no slide, vá na guia *Design* e clique no botão *Ideias de Design*.

❶ O recurso *Ideias de Design* só estará habilitado quando houver uma conexão com a internet.

❷ Várias opções diferentes de arranjo para o slide selecionado serão apresentadas.

❸ Basta escolher a opção que mais agradar e clicar sobre ela. O slide será atualizado automaticamente.

3. Escolha a opção que mais gostar e confira como ficou o slide.

Após usar uma ideia de design, ainda é possível alterar o slide e incluir outros objetos ou textos.

4. Salve a apresentação.

Incluindo Ícones

Algumas vezes, pode ser interessante usar ícones ou emojis nos slides. São imagens bem simples que ajudam a comunicar uma ideia.

5. Na mesma apresentação, inclua um slide do tipo *Título e Conteúdo* e preencha-o conforme mostra a imagem a seguir:

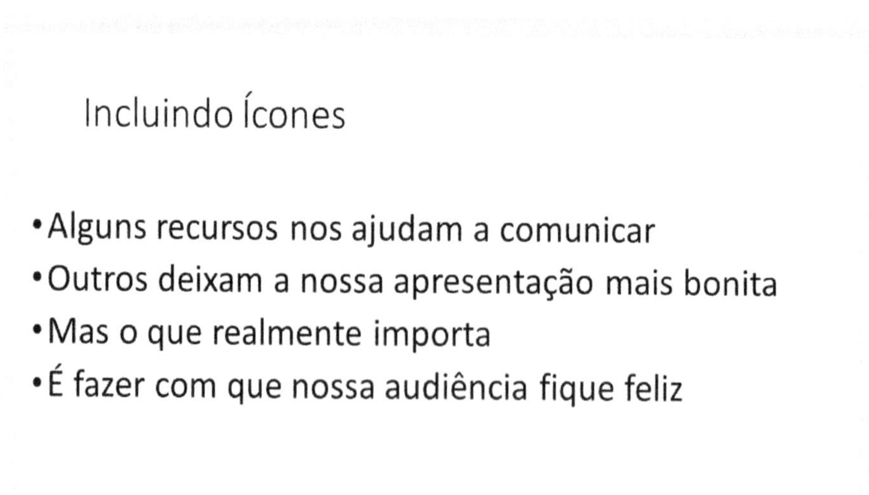

6. Agora, vamos colocar alguns ícones para deixar o slide mais interessante. Na guia *Inserir*, clique em *Ícones*.

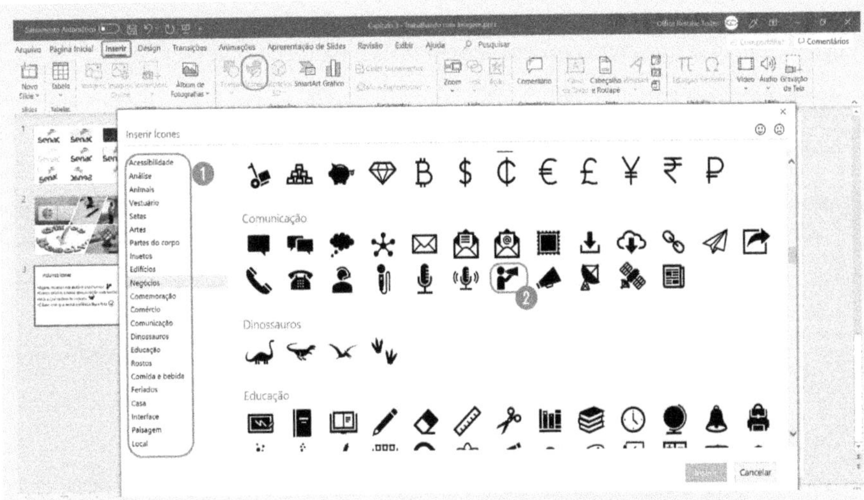

1. Os ícones estão separados em categorias para facilitar a visualização.
2. Escolha os ícones que deseja incluir e depois clique em *Inserir*.

7. Inclua os ícones e posicione-os conforme o modelo a seguir:

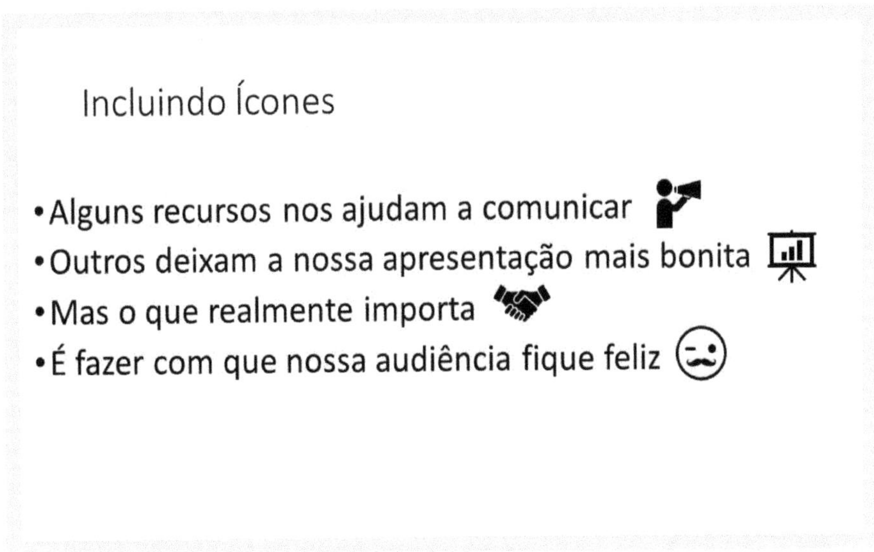

8. Salve a apresentação.

INCLUINDO *MODELOS 3D*

Outro recurso divertido é chamado de *Modelos 3D*, que permite incluir imagens tridimensionais que podem ser giradas em qualquer direção. Além disso, temos opções de modelos animados que conferem um ar bem mais dinâmico à apresentação.

1. Ainda na mesma apresentação, inclua um slide *Em Branco*.
2. Na guia *Inserir*, clique em *Modelos 3D* e selecione *De Fontes Online*.

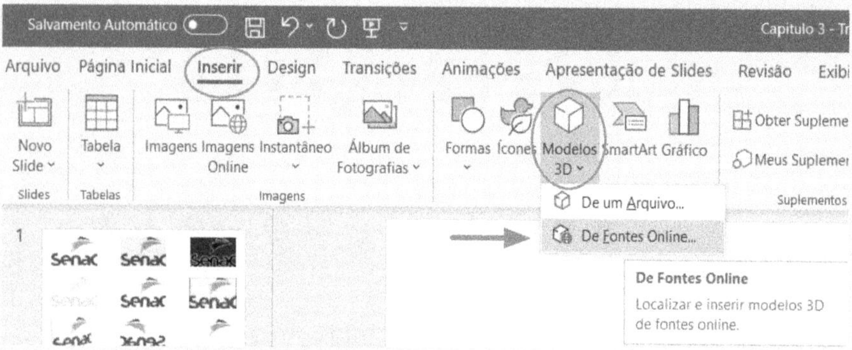

Será aberta uma janela para a escolha dos modelos 3D por categoria (é necessário que haja conexão com a internet).

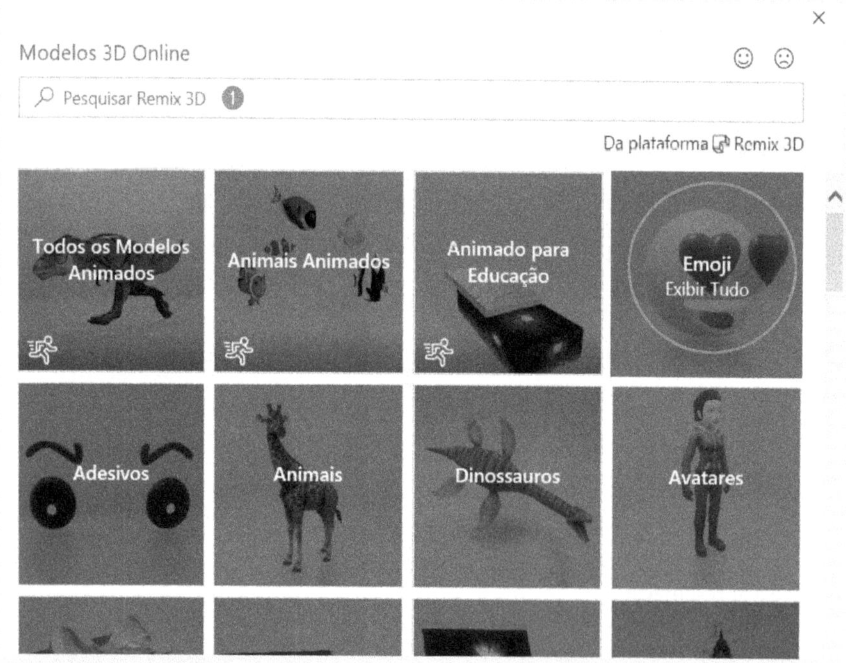

1 Pesquise os modelos digitando o assunto ou uma palavra-chave.

3. Agora, escolha a categoria *Emoji*, selecione o modelo indicado na imagem a seguir (ou outro de sua preferência) e clique em *Inserir*:

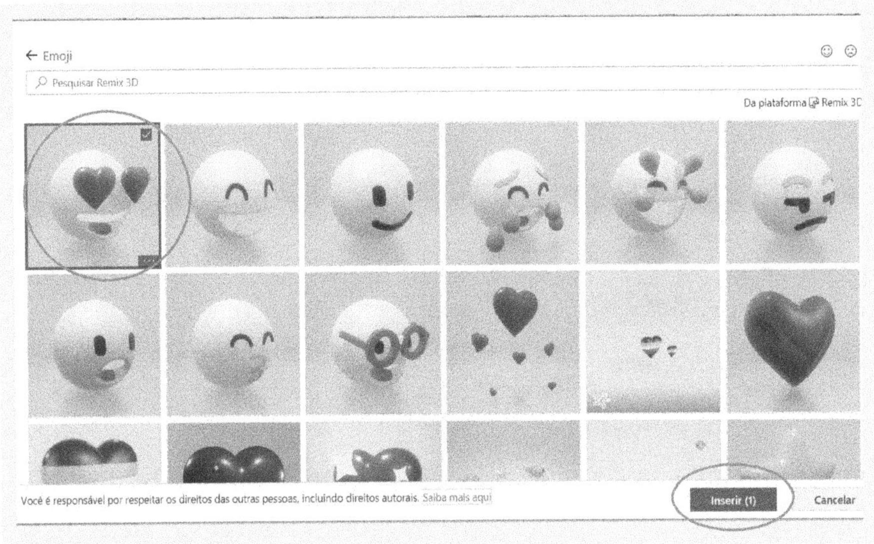

4. Use o controle 3D para girar a imagem e perceba como ela se comporta. Você pode inserir mais cópias do emoji selecionado e virar cada uma para uma posição diferente.

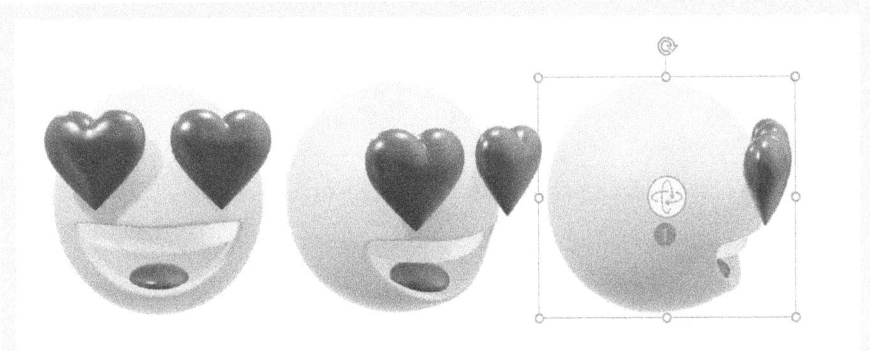

❶ Use o controle 3D para girar o modelo em qualquer direção. Você pode incluir um ou mais modelos e posicioná-los da forma que achar melhor para demonstrar sua ideia e conferir um visual mais moderno aos slides.

5. Também é possível achar alguns modelos animados que podem deixar a apresentação mais dinâmica. Para visualizá-los, acesse a categoria *Todos os Modelos Animados* e selecione alguns apenas para conhecer esse recurso.

❶ Os modelos 3D animados trazem movimento para a apresentação. ❷ Os modelos animados também podem ser girados, assim como os não animados.

6. Salve a apresentação.

Criando imagens com os recursos do PowerPoint

Até agora, vimos como incluir imagens de arquivos no computador e da web, mas, com o PowerPoint 2019, você também pode criar suas próprias imagens a partir de um slide. Isso significa que você pode usar todos os recursos que aprendeu até agora para criar um JPEG, por exemplo.

Siga o passo a passo a seguir para ver como esse recurso funciona.

1. Selecione o segundo slide da apresentação que acabamos de fazer.
2. Vá na guia *Arquivo* e escolha *Salvar como.*

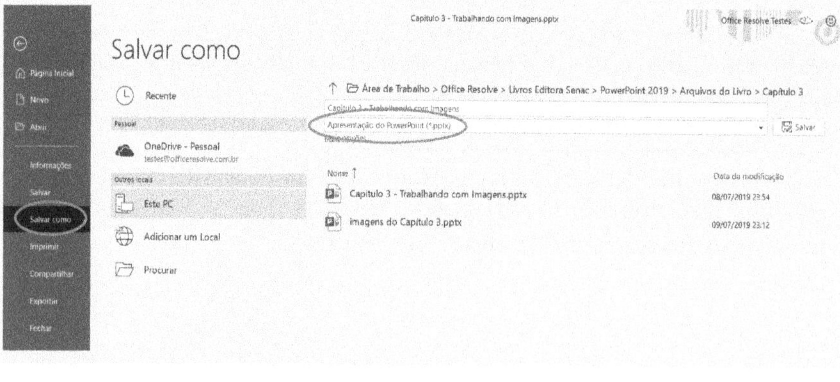

3. Agora, mude o tipo de arquivo para *Formato JPEG (*.jpg)*, defina um nome para a imagem e clique em *Salvar*:

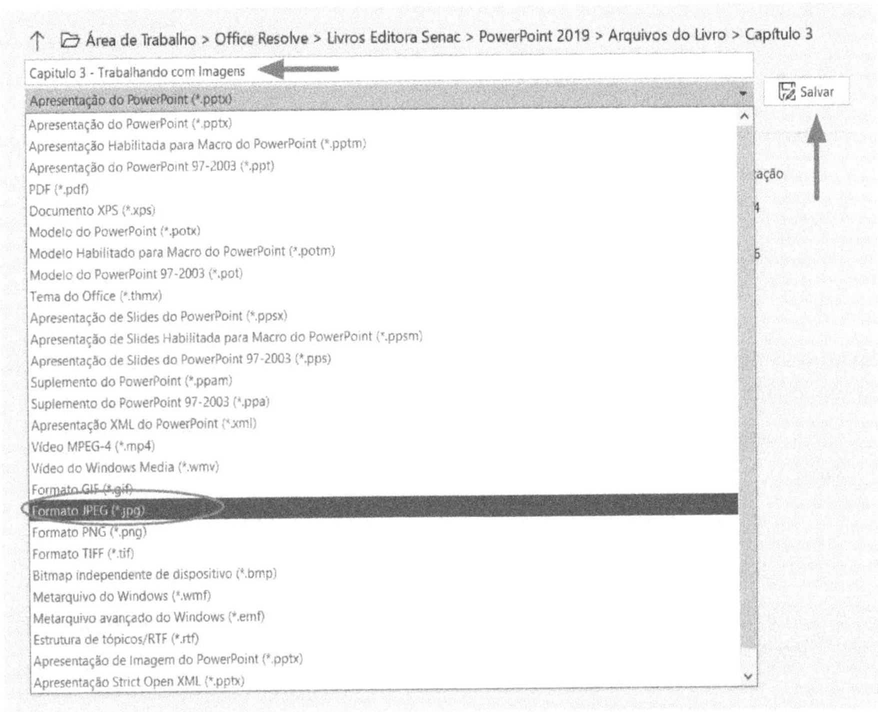

4. O PowerPoint perguntará se deseja salvar todos os slides no formato de imagem ou apenas o atual. Neste caso, selecione *Apenas Este* para criar uma imagem somente do slide selecionado.

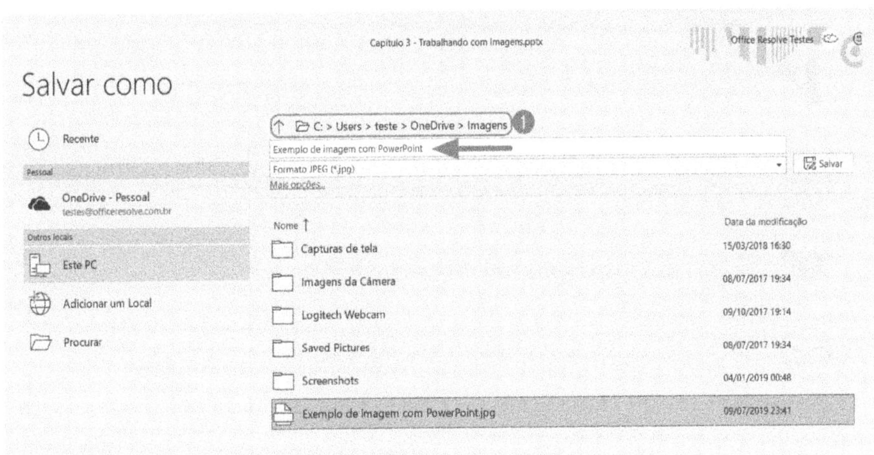

❶ Observe bem a pasta onde está gravando a imagem, porque será preciso acessar essa pasta para usá-la.

5. Para usar a imagem, localize-a na pasta onde foi gravada:

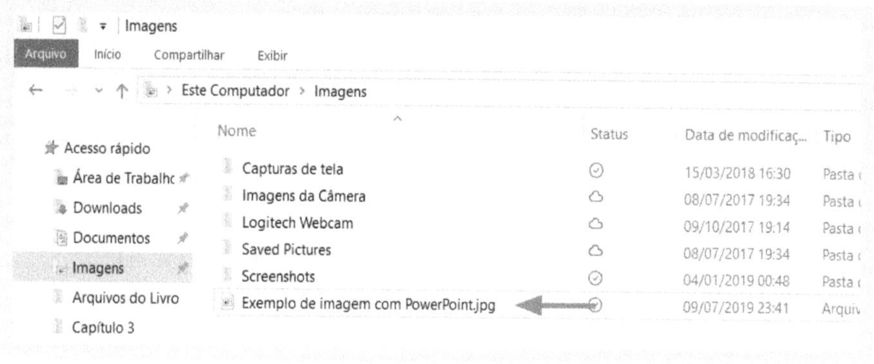

Você pode incluir a imagem em um documento, na página de um site ou mesmo editá-la em um editor de imagens, entre outras possibilidades.

6. Salvar a imagem não é o mesmo que salvar a apresentação .pptx. Aproveite para salvá-la.

Exercício

Baseado no slide criado na seção *Incluindo Ícones* deste capítulo, crie uma imagem igual à da figura a seguir:

Exercício 1: criar imagem

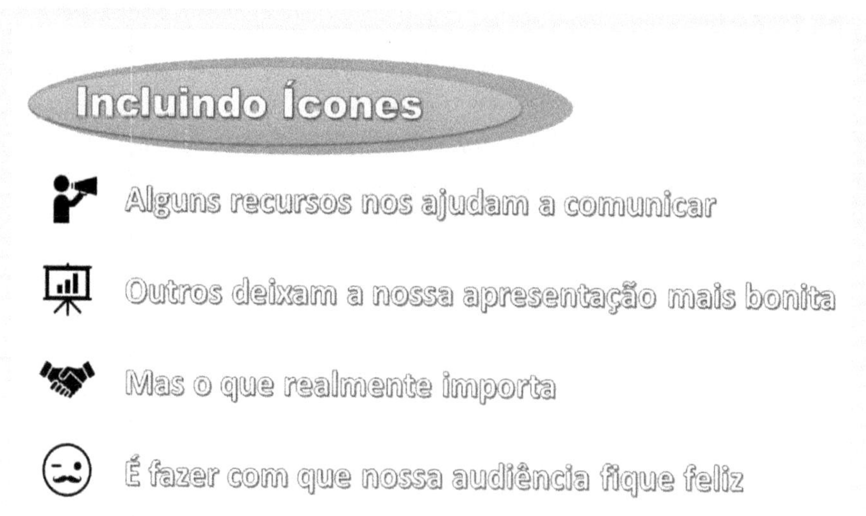

Recursos utilizados:

- No título
  - Guia *Inserir*, comando *Formas*, opção *Elipse*.
- Nos textos
  - Guia *Inserir*, comando *WordArt*.
  - Aba *Ferramentas de Desenho*, guia *Formatar*, comando *Preenchimento de Texto*, opção *Amarelo*.
  - Aba *Ferramentas de Desenho*, guia *Formatar*, comando *Contorno de Texto*, opção *Preto*.
  - Aba *Ferramentas de Desenho*, guia *Formatar*, comando *Efeitos de Texto*, opção *Sombra Inferior Direita*.
- Nos ícones
  - Clicar e arrastar para reposicionar os ícones.

Anotações

Anotações

Anotações

4

Incluindo efeitos de transição e animações

O PowerPoint 2019 oferece vários recursos, como as transições e as animações, para melhorar o efeito que a apresentação causará na audiência. De forma bem simples, a transição é o efeito de continuidade ou movimento quando mudamos de um slide para outro slide. Um dos mais utilizados consiste em revelar o slide em partes, de forma que as pessoas visualizem melhor a sequência na qual as informações devem ser entendidas.

Já as animações são efeitos que colocamos dentro do próprio slide para mostrar movimento, seja para revelar um novo trecho de texto, mudar a cor ou a posição de uma informação, adicionar imagens e objetos de maneira dinâmica, entre tantas outras opções.

Tanto as transições quanto as animações são acessadas a partir de guias próprias na *Faixa de Opções*.

Aplicando *Transições* nos slides

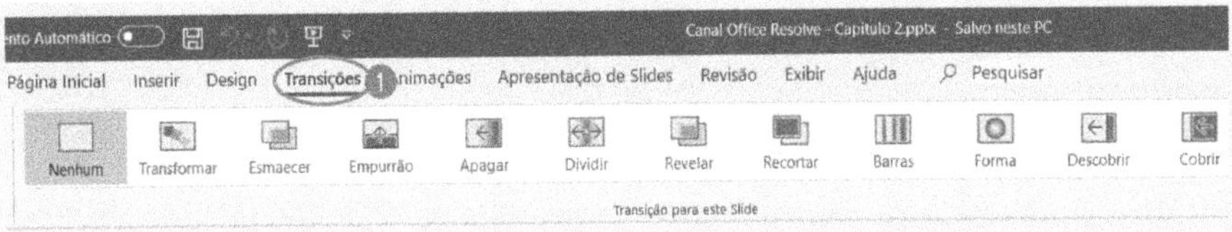

❶ Na guia *Transições*, é possível escolher os efeitos que serão usados na troca de slides.

Vamos utilizar a apresentação criada no Capítulo 2 para aplicar os efeitos de transição de slides.

1. Abra a apresentação criada no Capítulo 2 (caso não tenha salvo a apresentação, use qualquer uma que tiver disponível).

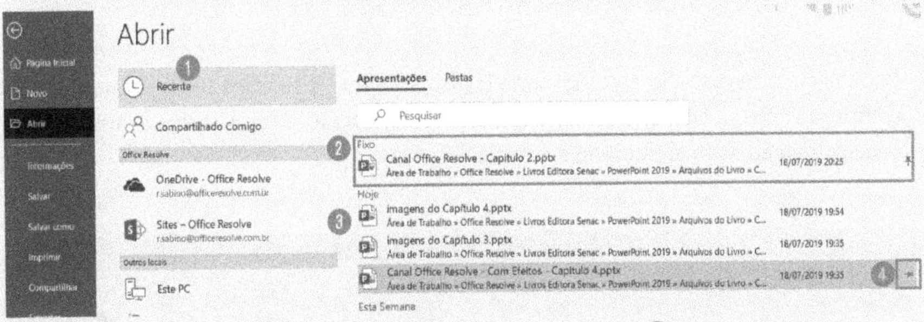

❶ As últimas apresentações feitas aparecem na lista *Recente*. ❷ É possível fixar apresentações acessadas com frequência. ❸ As apresentações recentes ficam agrupadas pela data do último acesso. ❹ Para fixar uma apresentação na lista de abertura, use o ícone da tachinha que aparece logo após o nome do arquivo.

2. Na lista de slides da apresentação, clique no primeiro slide para selecioná-lo.

3. Clique na guia *Transições*.

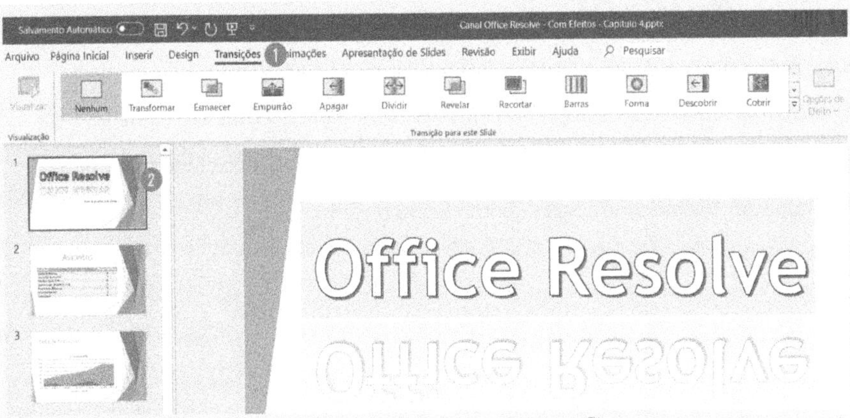

❶ Na guia *Transições*, você pode escolher o efeito desejado. ❷ Antes de escolher o efeito, é preciso selecionar o slide no qual o efeito será aplicado.

Ao clicar no botão *Mais*, observe que as transições aparecem separadas por categoria:

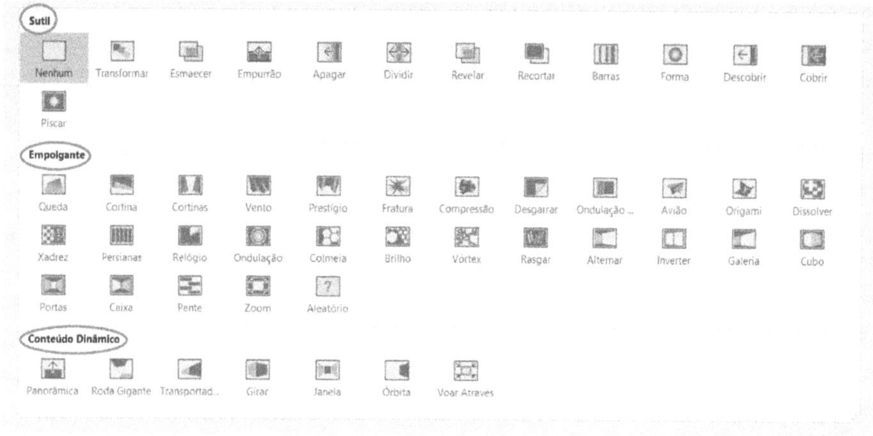

4. Pode não ser necessário escolher uma transição para o primeiro slide, já que ele quase sempre funciona como uma capa para a apresentação. Neste caso, vamos escolher uma transição *Sutil*. Selecione a transição *Barras*.

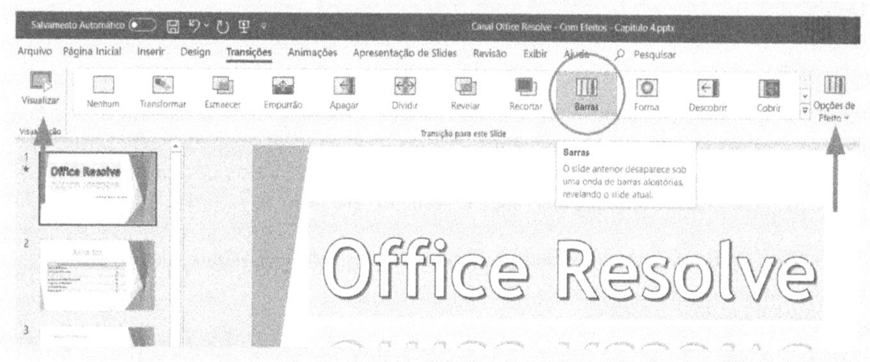

Observe os dois botões marcados com setas na figura anterior:

- *Visualizar*: mostra o efeito da transição escolhida para o slide selecionado.
- *Opções de Efeito*: permite selecionar outras opções dentro do efeito escolhido.

5. Clique em *Visualizar* e observe como ficará o efeito:

6. Agora, selecione o segundo slide para adicionar outro efeito.

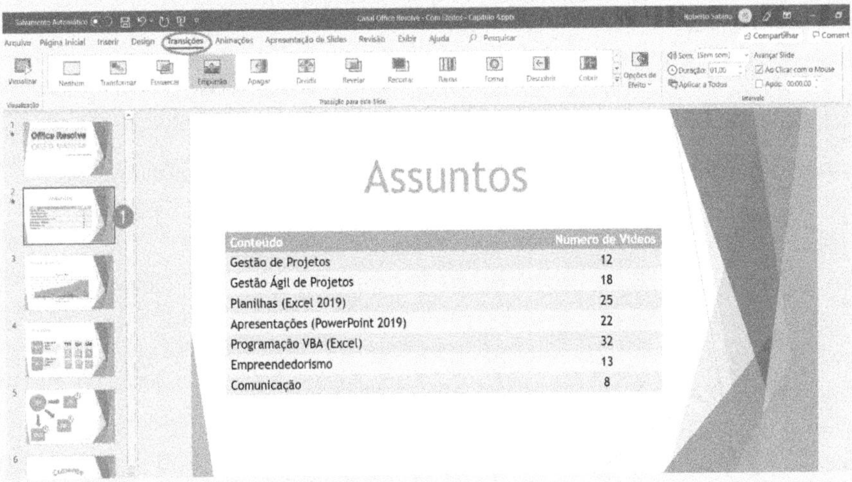

❶ Lembre-se de sempre selecionar o slide desejado antes de aplicar o efeito de *Transição*.

7. Na guia *Transições*, escolha o efeito *Empurrão*.
8. Agora, clique novamente em *Visualizar* para mostrar o efeito selecionado.

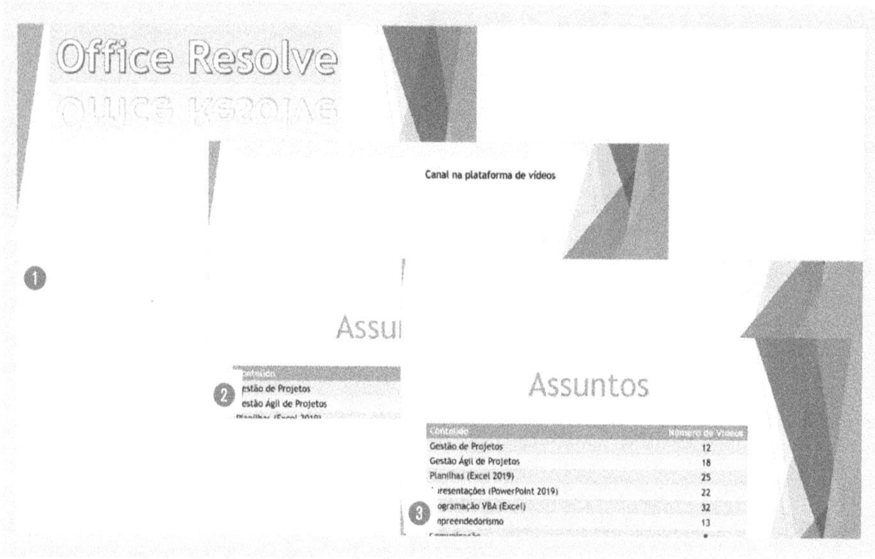

Como se pode ver, o efeito *Empurrão* faz que o slide seguinte empurre o anterior para fora da apresentação.

9. Agora, vamos usar o botão *Opções de Efeito* para alterar o *Empurrão*.
10. Escolha *Da Esquerda* e, em seguida, clique no botão *Visualizar*.

Se quiser conhecer as outras opções, clique nelas e visualize a diferença do efeito.

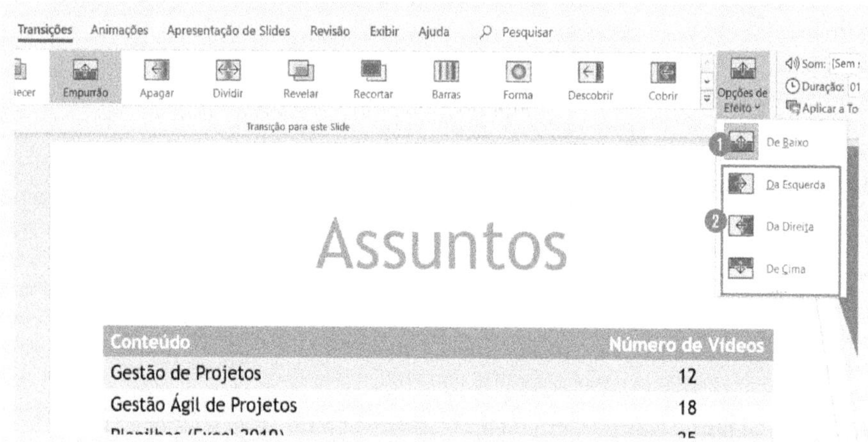

❶ O efeito padrão é um empurrão de baixo para cima. ❷ É possível escolher três outros tipos de empurrão.

Agora, vamos conhecer as opções que aparecem no grupo *Intervalo*.

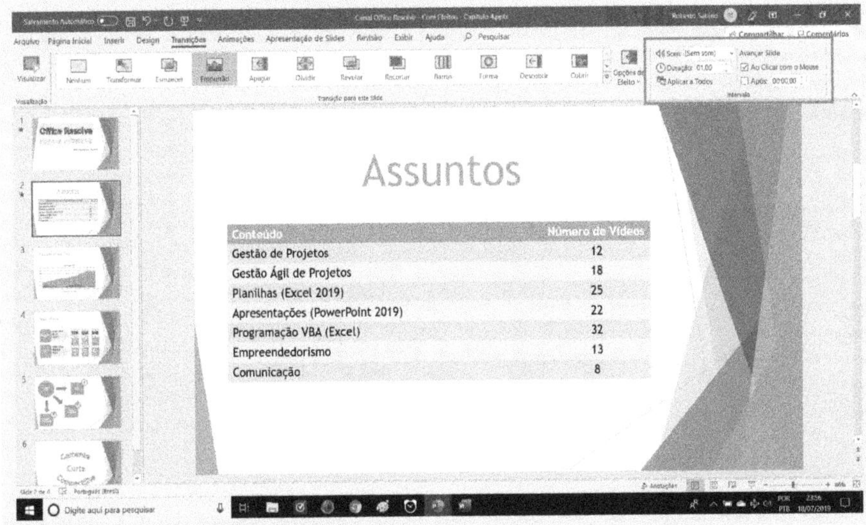

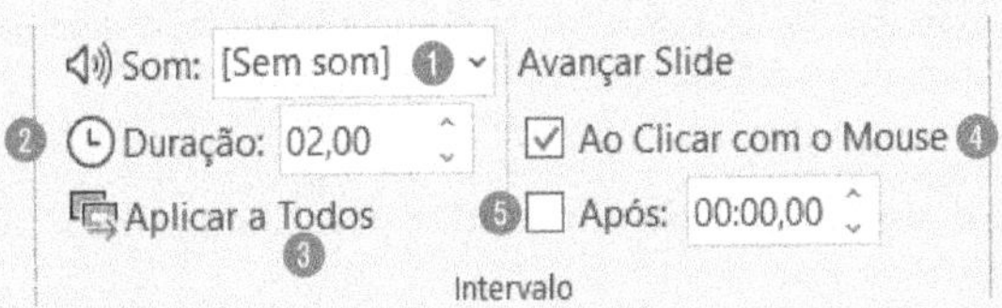

1 Em *Som*, é possível escolher um efeito sonoro para a troca de slides. O PowerPoint fornece algumas amostras, mas também é possível usar um som personalizado diretamente de um arquivo em seu computador.

2 Em *Duração*, pode-se alterar o tempo que levará para que o efeito de transição seja apresentado. Quanto maior a duração, mais lento o movimento.

3 O botão *Aplicar a Todos* copia as configurações de transição do slide selecionado e as replica para todos os slides da apresentação.

4 Quando a opção *Ao Clicar com o Mouse* é selecionada, o efeito será reproduzido no modo de apresentação quando houver um clique do mouse.

5 Na opção *Após*, define-se o intervalo de tempo que levará para que a transição de slides seja aplicada automaticamente.

11. Altere a *Duração* da transição para *02,00* e observe que o movimento fica mais lento.

12. Salve a apresentação.

Aplicando *Animações* nos slides

Aproveitando a mesma apresentação usada até agora, vamos aplicar animações nos slides.

1. Selecione novamente o primeiro slide clicando sobre ele na lista à esquerda.

2. Clique na guia *Animações*.

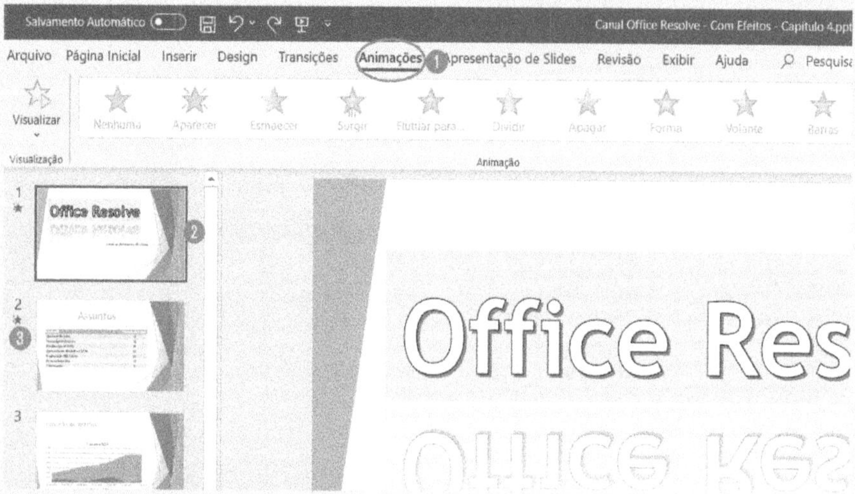

❶ Na guia *Animações*, é possível escolher os efeitos que serão usados durante a exibição dos slides. ❷ Lembre-se de que é preciso selecionar o slide antes de aplicar os efeitos desejados. ❸ Quando for aplicada uma transição ou animação, o slide mostra o ícone de efeitos na lista de miniaturas à esquerda.

Note que as opções de animação estão bloqueadas, pois ainda não selecionamos nenhum dos itens do slide.

3. Clique sobre o título do slide e observe que as animações ficarão disponíveis.

4. Escolha a animação *Surgir*.

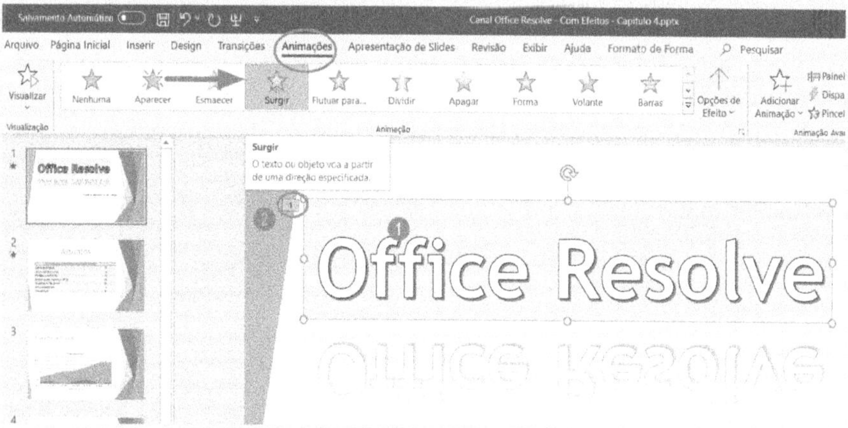

❶ Antes de escolher a animação, é preciso selecionar o objeto onde ela deve ser aplicada. ❷ Estes números aparecem para indicar a sequência em que as animações serão executadas.

As *Animações* também estão divididas em categorias:

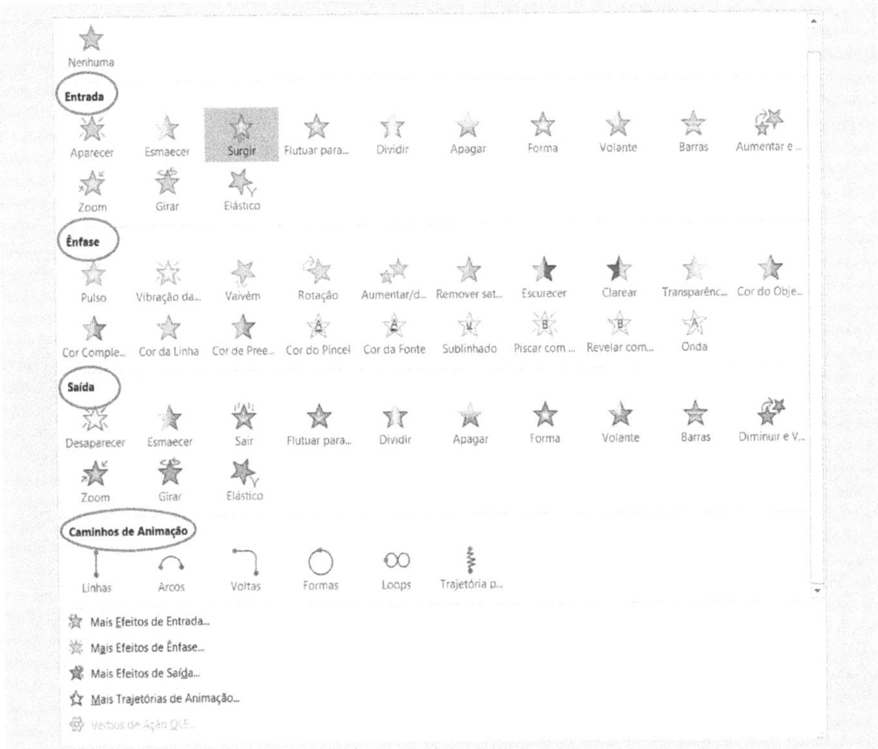

Novamente, temos os dois botões de apoio que vimos nas *Transições*:

- *Visualizar*: mostra os efeitos de animação utilizados no slide selecionado (na sequência definida).
- *Opções de Efeito*: permite alterar os detalhes do efeito.

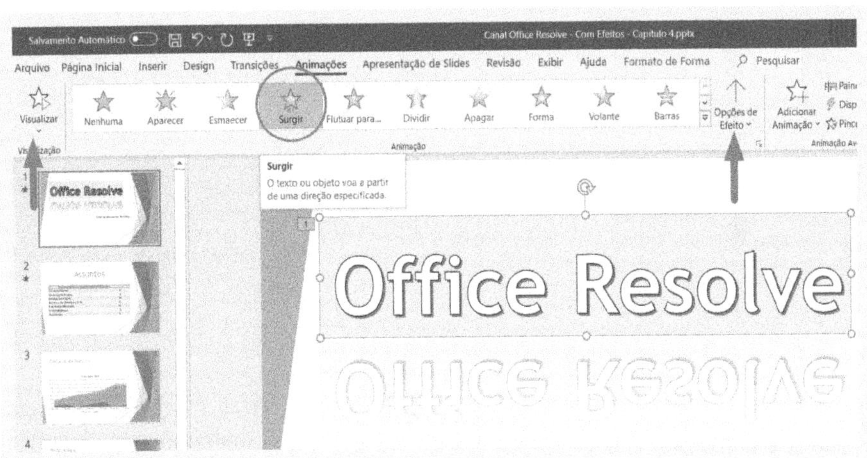

5. Clique em *Visualizar* e observe como ficará o efeito *Surgir*.

Note que colocamos uma animação apenas no título do slide, de forma que o subtítulo aparece primeiro.

Sendo assim, podemos colocar uma animação também no subtítulo.

6. Clique no subtítulo e escolha o efeito *Aparecer*.

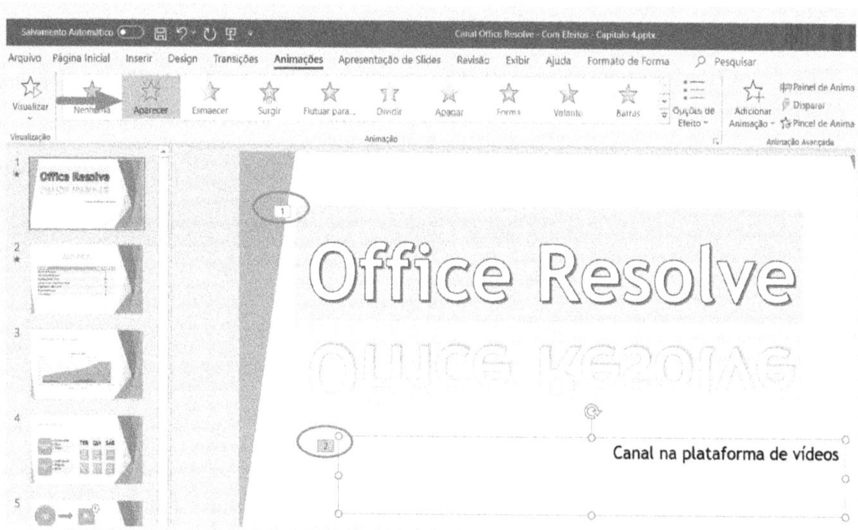

7. Clique no número de sequência do título (onde usamos o efeito *Surgir*) e depois em *Opções de Efeito*. Perceba que aparecem várias posições por onde o título pode surgir.

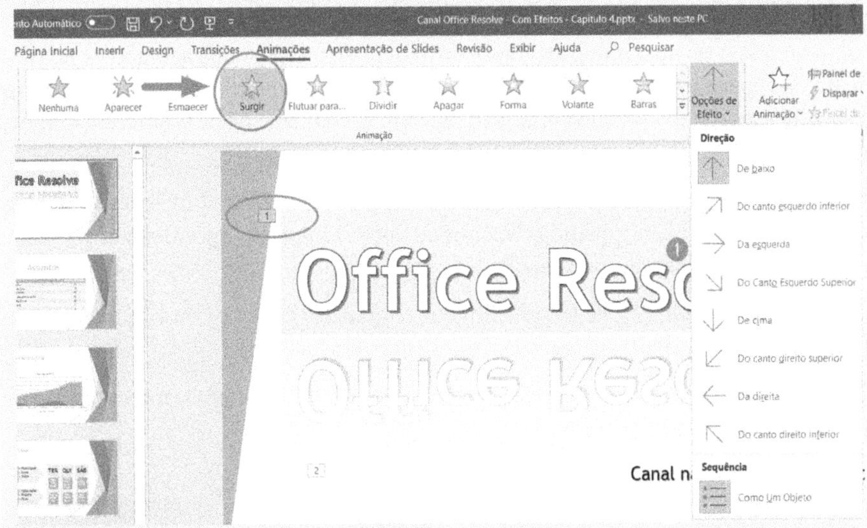

❶ *Opções de Efeito* para o tipo de animação *Surgir.*

8. Escolha a opção que preferir.
9. Clique no número de sequência do subtítulo (onde usamos o efeito *Aparecer*) e depois em *Opções de Efeito*. Perceba que temos menos opções de entrada para o subtítulo.

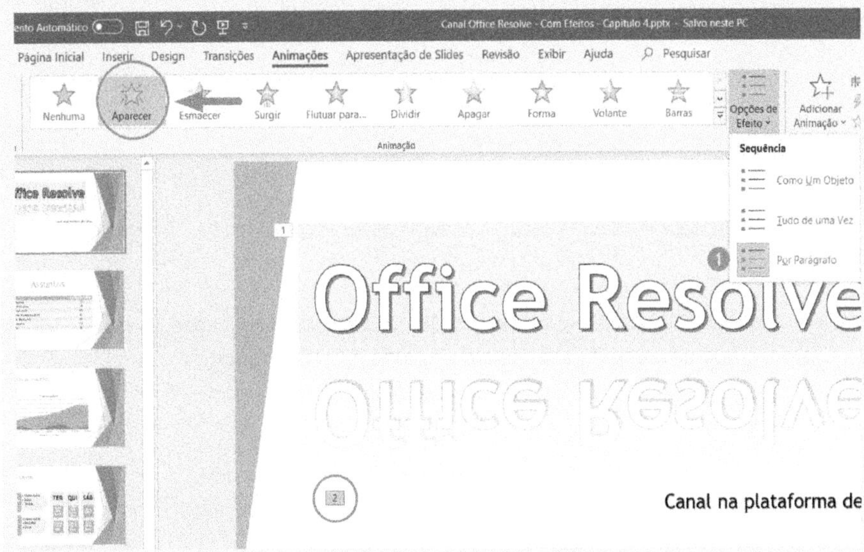

❶ *Opções de Efeito* para o tipo de animação *Aparecer.*

10. Escolha a opção que preferir e salve a apresentação.

Detalhes do botão *Visualizar Animações*

Como vimos, o botão *Visualizar Transições* reflete fielmente o que acontecerá no momento da apresentação dos slides. Já o botão *Visualizar Animações* tem um pouco mais de detalhes, portanto algumas coisas não refletem exatamente o que acontecerá durante a apresentação.

Por exemplo, veja o slide que acabamos de criar: ele tem duas animações, e as duas ocorrem sequencialmente quando clicamos no botão *Visualizar*. Agora, vamos ver o que acontece no momento da apresentação.

1. Na guia *Apresentação de Slides*, clique no botão *Do Começo* (ou clique no botão *Apresentação de Slides* na *Barra de Status*, ou então tecle *F5*).

Note que o primeiro slide tem o efeito de transição *Barras e*, portanto, aparece com esse efeito. Contudo, o slide aparece em branco.

2. Agora, em cima do slide em branco, clique com o botão esquerdo do mouse (você também pode usar a seta para baixo do teclado ou teclar *Enter*).

Observe que a animação do título é executada, mas só o título aparece, sem o subtítulo.

3. Para que o subtítulo apareça, clique para executar a próxima animação. Agora, o slide deve aparecer completo.

❶ O título do slide só aparece após clicar a primeira vez. ❷ É preciso mais um clique para que o subtítulo apareça.

4. Pressione a tecla *Esc* para terminar a apresentação sem precisar passar por todos os slides.

O primeiro ponto para repararmos é que o botão *Visualizar* não mostrou exatamente o que aconteceria na apresentação. O segundo ponto é que precisamos aprender a ajustar mais detalhes nas animações, para que possamos controlar o que acontecerá no momento da apresentação.

Iniciar animações com um clique do mouse ou automaticamente

Agora, vamos alterar o gatilho que inicia as animações, de maneira que o título e o subtítulo apareçam automaticamente, um após o outro, quando a transição do slide terminar. Para isso, vamos usar as opções do grupo *Intervalo*:

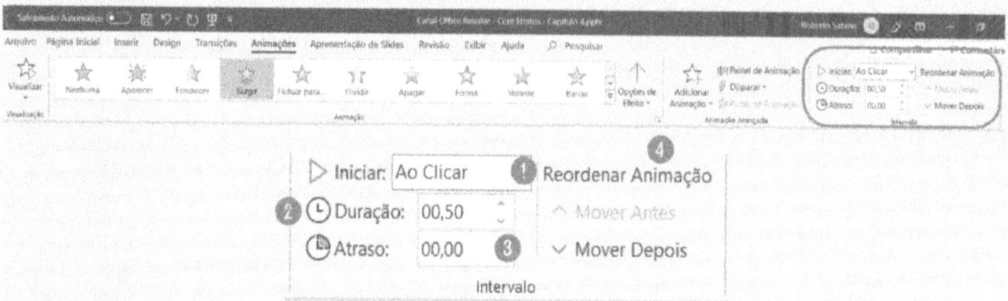

❶ Em *Iniciar*, você pode escolher três opções de gatilho para disparar a animação selecionada: *Ao Clicar*, *Com o anterior* ou *Após o anterior*. ❷ Em *Duração*, é possível alterar o tempo do efeito de animação. Quanto maior a duração, mais lento o movimento. ❸ Em *Atraso*, pode ser definido um intervalo entre a animação anterior e a animação selecionada. ❹ Em *Reordenar Animação*, é possível reordenar a sequência das animações. Use *Mover Antes* e *Mover Depois* para deslocar a posição da animação selecionada.

1. Clique sobre a miniatura do primeiro slide para selecioná-lo.
2. Em seguida, clique sobre o indicador da primeira animação. Escolha *Após o anterior* (neste caso, o elemento anterior é a entrada do slide).
3. Clique no índice da segunda animação e escolha *Após o anterior*.
4. Adicione um atraso de *01,00* e salve a apresentação.
5. Entre no modo de apresentação de slides e não clique em nada para ver a diferença.

Conhecendo o *Painel de Animação*

Um slide como o nosso, com poucos elementos e poucas animações, é facilmente criado e alterado. Contudo, é importante saber que existe o *Painel de Animação* que pode ajudar a organizar slides mais complexos. Com ele, é possível selecionar com mais facilidade as animações e visualizar claramente sua sequência.

Para acessar o *Painel de Animação*, vamos usar os comandos do grupo *Animação Avançada*, na guia *Animações*.

❶ Clique em *Painel de Animação* para abrir o painel.
❷ Em *Adicionar Animação*, é possível adicionar uma animação ao objeto selecionado, mesmo que já exista uma atrelada a ele.
❸ Use *Disparar* para definir qual gatilho dará início à animação.
❹ Com o *Pincel de Animação*, é possível copiar e colar uma configuração de animação.

1. Clique sobre o primeiro slide para selecioná-lo.
2. Em seguida, clique no botão *Painel de Animação*, no grupo *Animação Avançada.*

O painel será aberto, permitindo criar, reordenar ou alterar as animações.

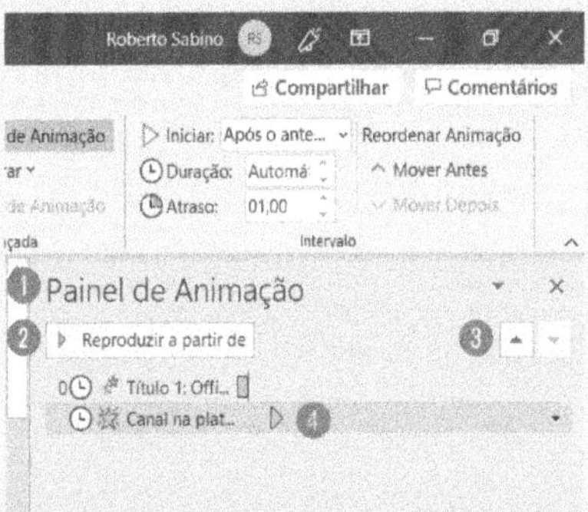

❶ O *Painel de Animação*, que aparece na lateral direita da tela, pode ajudar muito no gerenciamento das animações. ❷ O recurso *Reproduzir a partir de* permite visualizar as animações a partir do ponto que estiver selecionado na lista do painel. ❸ As setas permitem mover e alterar facilmente a ordem das animações. ❹ Clique sobre a animação para alterar suas configurações. Usando o clique duplo, abre-se a caixa de diálogo, com detalhes da animação.

3. No *Painel de Animação*, clique com o botão direito do mouse sobre a primeira animação da lista e escolha *Iniciar Ao Clicar.*

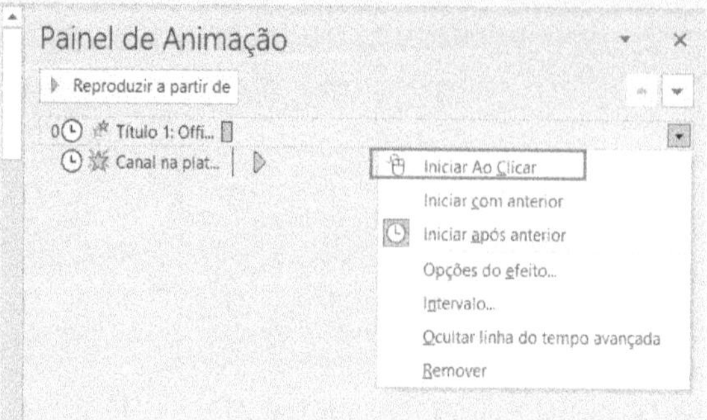

4. Salve a apresentação.

5. Entre no modo de apresentação de slides e note que a entrada do título do slide voltou a depender do clique do mouse.

Ao incluir transições e animações nos slides, pense no objetivo da apresentação e no público-alvo. Não exagere nos efeitos, assim evita que a apresentação fique muito complicada e minimiza a ocorrência de erros que atrapalham a exibição.

Exercícios

Para exercitar e aprender um pouco mais sobre transições e animações, vamos editar os demais slides da apresentação criada no Capítulo 2. Cada exercício a seguir trará um slide e uma lista de efeitos que devem ser aplicados nele, usando os recursos que aprendemos neste capítulo.

Exercício 1: editando o segundo slide

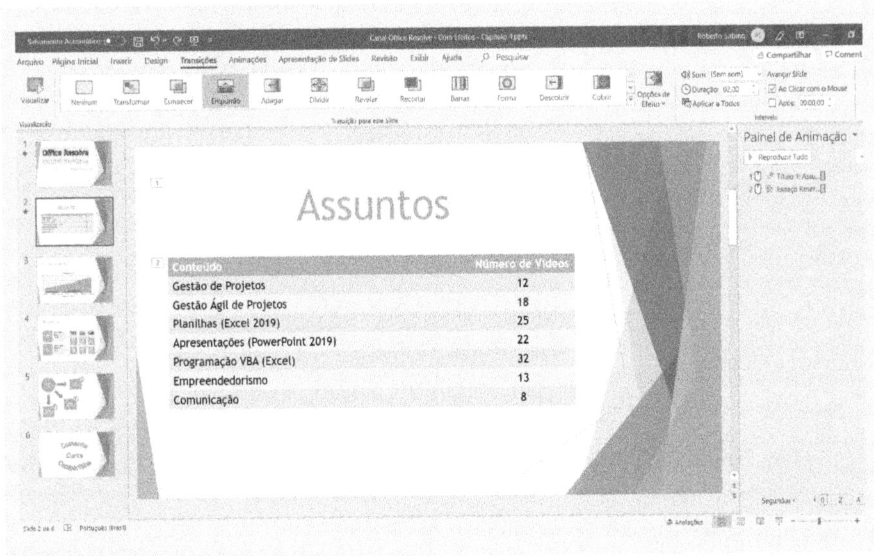

Recursos utilizados:

- No slide
  - Guia *Transições*, opção *Empurrão.*
- No título
  - Guia *Animações*, opção *Surgir*; recurso *Opções de Efeito*, opção *Da Esquerda.*
- Na tabela
  - Guia *Animações*, opção *Barras*; recurso *Opções de Efeito*, opção *Vertical*; configurar *Duração* como *01,00.*

Exercício 2: editando o terceiro slide

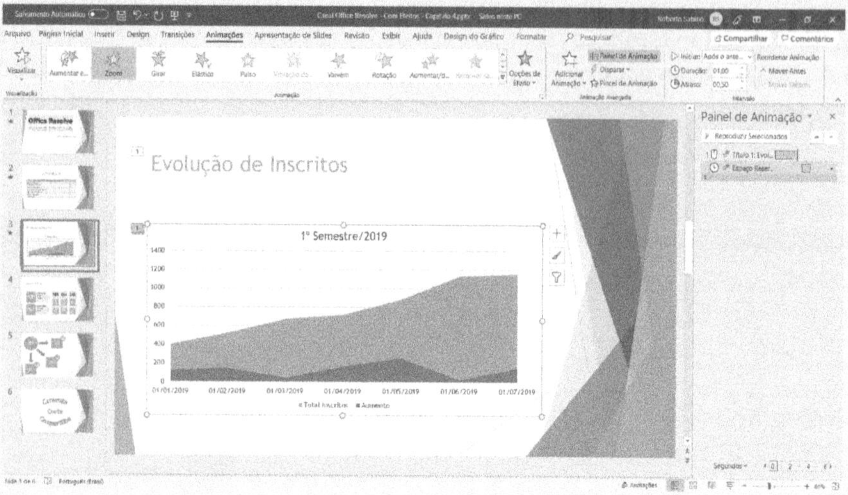

Recursos utilizados:

- No slide
  - Guia *Transições*, opção *Descobrir*; em *Opções de Efeito*, selecionar *Do Canto Superior Direito*.
- No título
  - Guia *Animações*, opção *Girar*; configurar *Duração* como *02,50*.
- No gráfico
  - Guia *Animações*, opção *Zoom*; em *Opções de Efeito*, selecionar *Sequência* e definir *Por Série*; configurar *Duração* como *01,00*; definir *Iniciar* como *Após o anterior*, com *Atraso* de *00,50*.

Exercício 3: editando o quarto slide

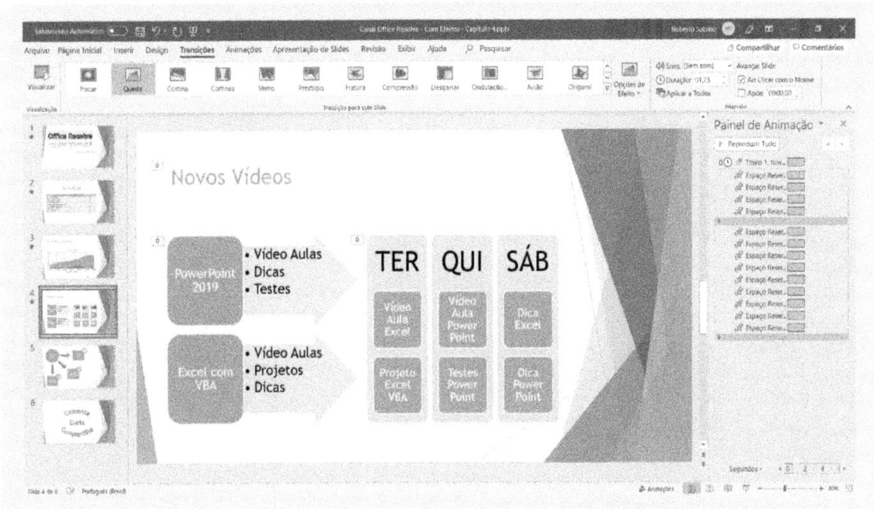

Recursos utilizados:

- No slide
  - Guia *Transições*, opção *Queda*; configurar *Duração* como *01,75*.
- No título
  - Guia *Animações*, opção *Flutuar*; em *Opções de Efeito*, selecionar *Para Baixo*; definir *Iniciar* como *Após o anterior* e *Duração* de *02,00*.
- No primeiro *SmartArt*
  - Guia *Animações*, opção *Aumentar e Virar*; em *Opções de Efeito*, selecionar *Um por Um*; definir *Iniciar* como *Com o anterior* e *Duração* de *02,00*.
- No segundo *SmartArt*
  - Guia *Animações*, opção *Aumentar e Virar*; em *Opções de Efeito*, selecionar *Um por Um*; definir *Iniciar* como *Com o anterior* e *Duração* de *02,00*.

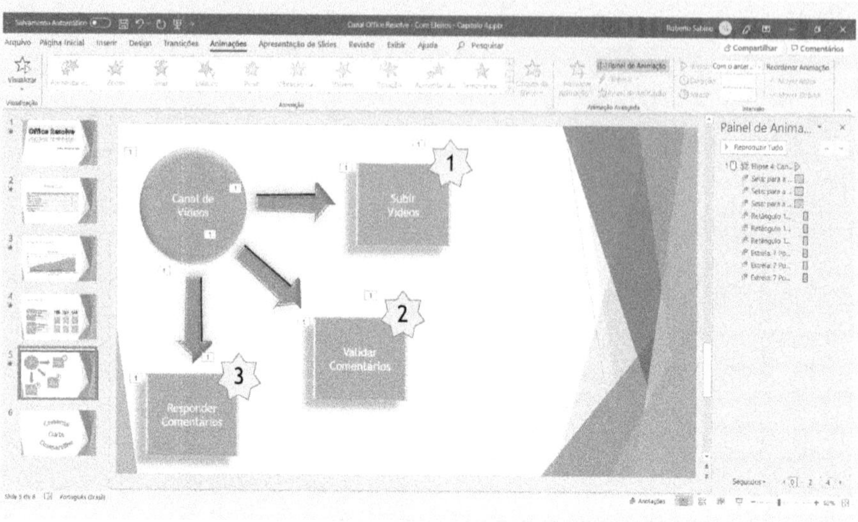

- No slide
  - Guia *Transições*, opção *Descobrir*; em *Opções de Efeito*, selecionar *Horizontal para Fora*.
- No círculo (onde está escrito *Canal de Vídeos*)
  - Guia *Animações*, opção *Aparecer*; definir *Iniciar* como *Ao Clicar*.
- Nas setas (selecione as três ao mesmo tempo usando a tecla *Ctrl* ao clicar)
  - Guia *Animações*, opção *Surgir*; em *Opções de Efeito*, selecionar *Do Canto Superior Esquerdo*; configurar *Duração* como *01,00*; definir *Iniciar* como *Com o anterior*.
- Nos retângulos com estrelas (selecione os seis objetos ao mesmo tempo usando a tecla *Ctrl* ao clicar)
  - Guia *Animações*, opção *Zoom*; configurar *Duração* como *00,50*; definir *Iniciar* como *Com o anterior*, com *Atraso* de *01,00*.

Exercício 5: editando o sexto slide

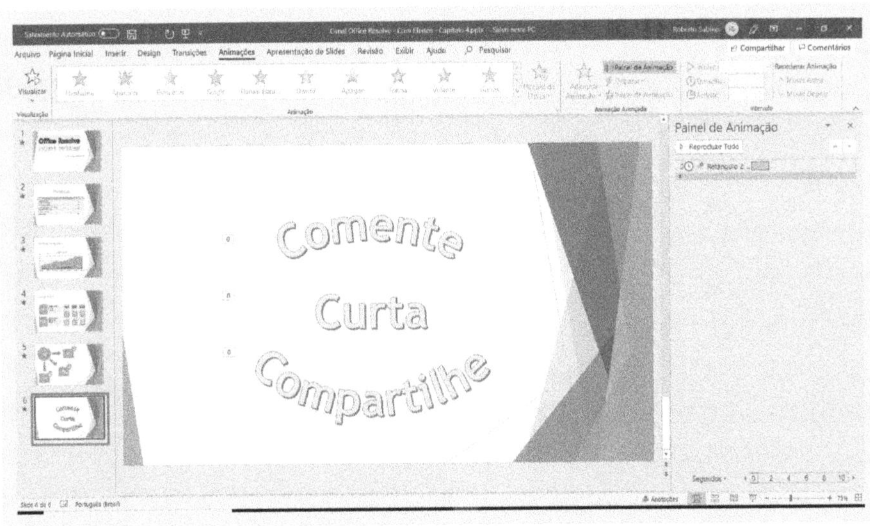

- No slide
  - Guia *Transições*, opção *Vento*; em *Opções de Efeito*, selecionar *Para a Esquerda.*
- No *WordArt*
  - Guia *Animações*, opção *Elástico*; em *Opções de Efeito*, selecionar *Por Parágrafo*; configurar *Duração* como *02,00*; definir *Iniciar* como *Após o anterior.*

Agora, use o modo de *Apresentação de Slides* para verificar o resultado do exercício. Deixe as transições e animações automáticas acontecerem sozinhas para entender o efeito, e lembre-se de que aquelas marcadas para serem executadas *Ao Clicar* só serão disparadas quando houver um clique do mouse, ou quando for pressionada a seta para baixo ou a tecla *Enter* no teclado. Aproveite e experimente escolher seus próprios efeitos e transições (e não se esqueça de salvar a apresentação no final).

Anotações

Anotações

Anotações

5
Novos recursos do PowerPoint 2019

A cada três anos, a Microsoft lança uma versão atualizada do Microsoft Office, com novos recursos e aprimoramento dos já existentes. Por isso, separamos aqui alguns dos principais novos recursos do PowerPoint 2019. Alguns deles serão vistos neste capítulo, enquanto outros aparecem em outras partes do livro:

» Nova transição chamada *Transformar*.

» Ferramenta *Zoom* na apresentação.

» Ferramenta *Marca-Texto*.

» Inclusão de modelos 3D (como vimos no Capítulo 3, no item Incluindo Modelos 3D).

» Recursos para desenhar ou escrever com tinta digital (serão abordados posteriormente, no item "Escrever ou desenhar com tinta digital", no Capítulo 7).

Transição *Transformar*

No capítulo anterior, aprendemos a usar transições e animações e vimos como isso pode se tornar complexo, dependendo da quantidade de efeitos que usarmos. O PowerPoint 2019 trouxe um novo tipo de transição, que de certa forma substitui a necessidade de criar animações dentro do slide.

Essa transição é chamada de *Transformar*, e funciona em slides com algum elemento (texto, objeto, letras) em comum. Ao criarmos dois slides com pelo menos uma parte em comum e usarmos a transição *Transformar*, o PowerPoint automaticamente criará uma transformação do slide anterior para o slide atual. Para exemplificar, vamos fazer um novo slide final baseado no último que criamos (use a mesma apresentação do capítulo anterior).

1. Com a apresentação que usamos no capítulo anterior aberta, selecione o último slide, clique com o botão direito do mouse sobre ele e escolha a opção *Duplicar Slide*.

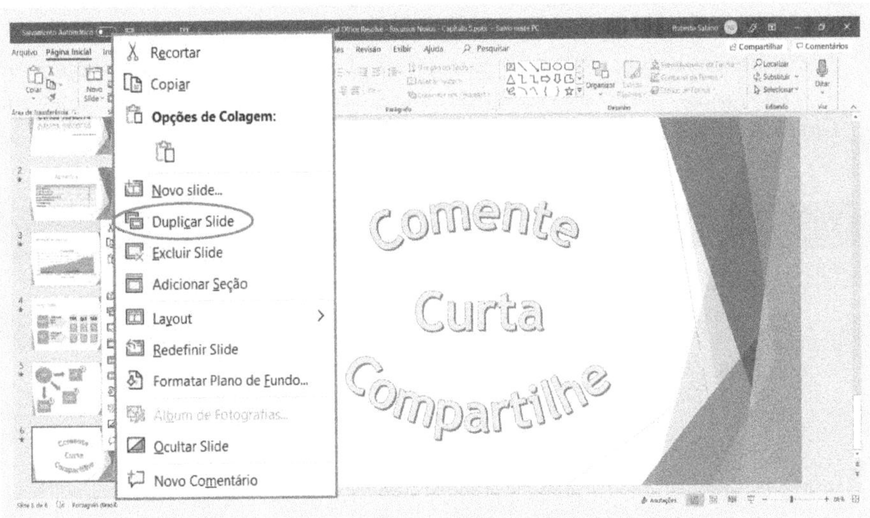

A primeira coisa que faremos é apagar as animações, para que o efeito *Transformar* não seja prejudicado. Para isso, vamos usar novamente o *Painel de Animação*.

> Quando usar a transição *Transformar*, tome cuidado para não criar animações que interrompam o fluxo de movimentos que será criado automaticamente pelo PowerPoint 2019.

2. Com o último slide selecionado, na guia *Animações*, clique em *Painel de Animação*.

3. No *Painel de Animação*, clique com o botão direito do mouse sobre a animação e depois clique em *Remover*.

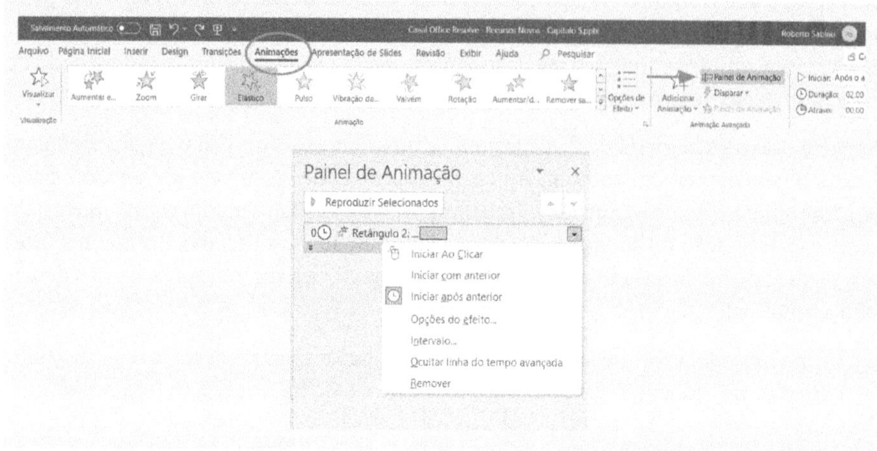

4. Agora, faremos algumas alterações para que o slide possa usar o recurso *Transformar*. Mova o WordArt para o lado direito do slide e, na guia *Formato de Forma*, clique em *Girar* e selecione a opção *Girar 90° para a Direita*.

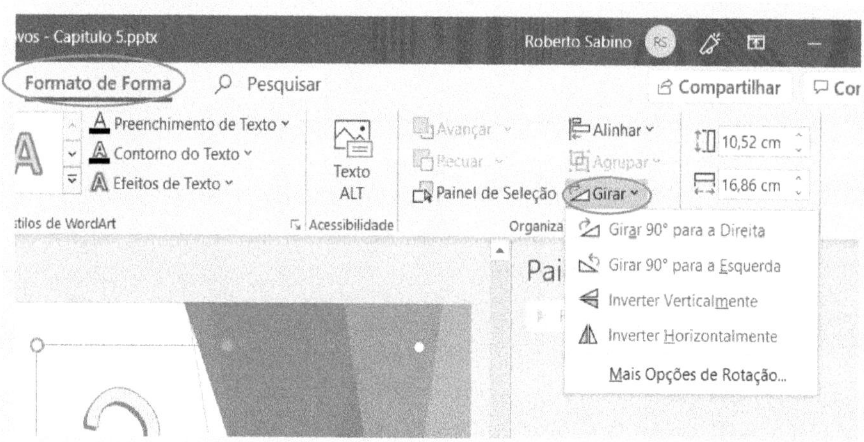

O slide deve estar como o da figura a seguir:

5. Insira um novo WordArt com a palavra *FIM* (caso tenha dúvidas, retorne ao Capítulo 2 e reveja como incluir um WordArt).

6. Agora, na guia *Transições*, escolha *Transformar* e, em *Opções de Efeito*, defina *Objetos*.

O PowerPoint mostrará uma prévia da transição. Perceba que ela já substitui a animação de entrada do slide.

7. Para testar a apresentação, selecione o penúltimo slide e pressione *Shift + F5*, ou vá em *Apresentação de Slides* e clique em *Do Slide Atual*.

8. Verifique o resultado e salve a apresentação.

Esse é apenas um exemplo básico do recurso *Transformação*, que é uma das ferramentas mais poderosas da nova versão do PowerPoint.

Zoom na apresentação

Outro recurso novo e bem interessante de utilizar é o *Zoom*. Na prática, é como se criássemos um slide com atalhos para outros slides da apresentação. Para testar esse recurso, vamos criar um *Zoom de Resumo*.

1. Na guia *Inserir*, clique em *Zoom* e depois em *Zoom de Resumo*.

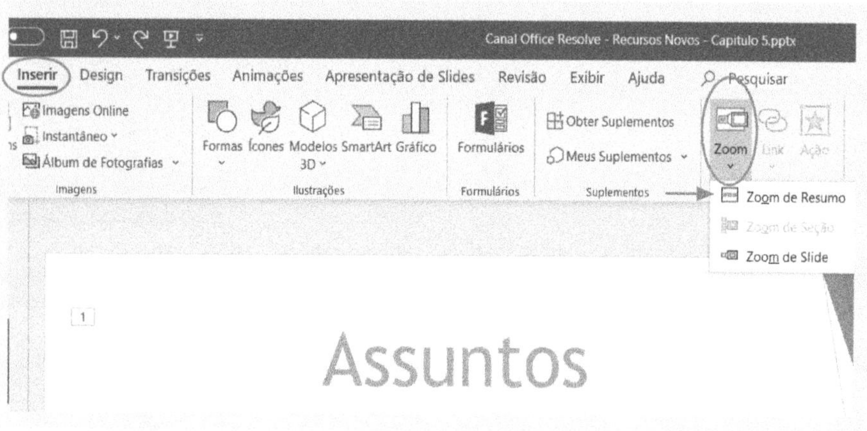

2. Agora, é preciso selecionar os slides que farão parte desse *Zoom de Resumo*. Escolha os seis primeiros, deixando o último de fora da seleção.

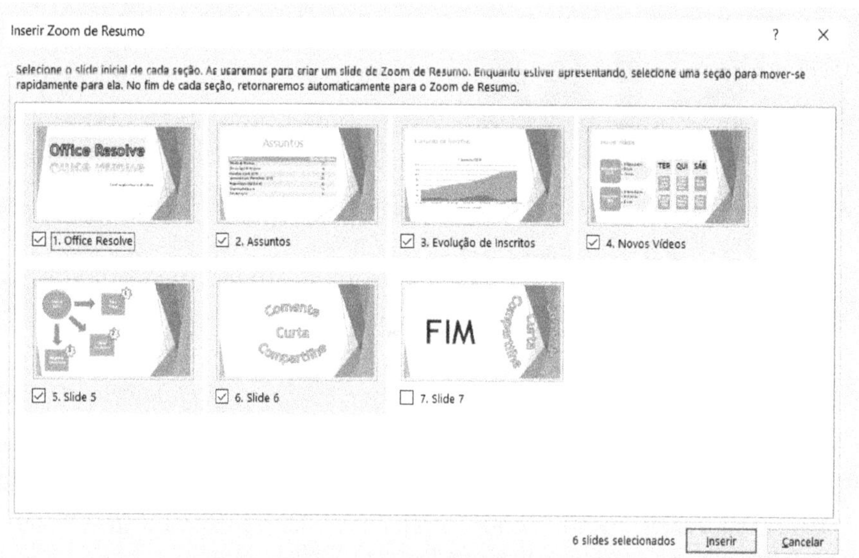

3. Em seguida, clique no botão *Inserir*.

Observe que o slide de resumo foi criado antes do primeiro slide da apresentação.

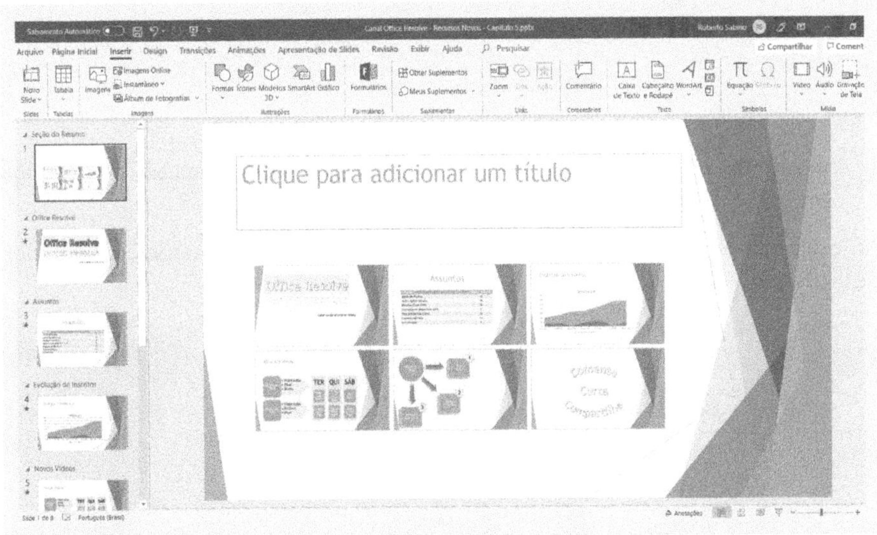

4. Clique no título e digite *Canal de Vídeos do Office Resolve.*
5. Agora, entre no modo *Apresentação de Slides*, ou tecle *F5*, para ver como ficou.
6. Veja o resultado e salve a apresentação.

> Você pode redimensionar as miniaturas de slides que aparecem no primeiro slide (resumo).

Ferramenta *Marca-Texto*

Esse recurso é bem simples e já é um velho conhecido dos usuários do Microsoft Word. Depois de muitos pedidos, a Microsoft resolveu disponibilizar o recurso também no PowerPoint 2019. O marcador serve para destacar algum texto, seja no momento de editar ou de apresentar o slide. Vamos fazer uma marcação no título do slide de resumo que acabamos de criar:

1. Clique no primeiro slide para selecioná-lo.

2. Na guia *Página Inicial*, clique no ícone do *Marca-Texto*.

3. Em seguida, clique e arraste sobre o título do primeiro slide, para selecioná-lo por completo.

Note que o texto passou a ficar em destaque, como se tivéssemos passado um marcador de textos sobre ele.

4. Entre no modo *Apresentação de Slides* e observe que a marcação também aparece durante a exibição.

5. Salve a apresentação.

Anotações

Anotações

6

Modos de visualização e impressão

Até agora, aprendemos vários recursos do PowerPoint 2019 e até algumas novidades da versão mais atual do aplicativo. Além deles, temos recursos simples e muito importantes para o uso cotidiano em termos de visualização e configuração da impressão.

Alternando entre modos de visualização

Para podermos tirar o máximo proveito da apresentação, o PowerPoint oferece diferentes maneiras de visualizar o trabalho. Os principais modos de visualização podem ser acessados pela guia *Exibir*.

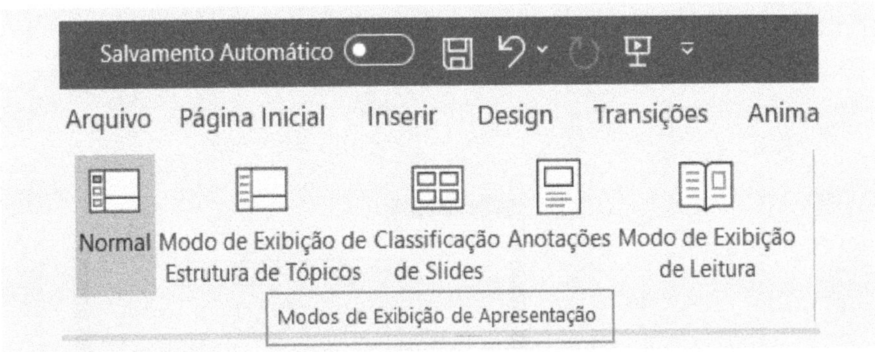

MODO DE VISUALIZAÇÃO *NORMAL*

O modo *Normal* é o modo de visualização padrão, que usamos até agora. É o mais usado para editar a apresentação porque equilibra a visualização da sequência de slides e a área de edição do slide selecionado. Porém, em uma apresentação longa, pode ser difícil visualizar todo o conteúdo ou ajustar a sequência dos slides. Na maior parte do tempo, usamos este modo, mas podemos usar outros em atividades específicas, como veremos nos próximos tópicos.

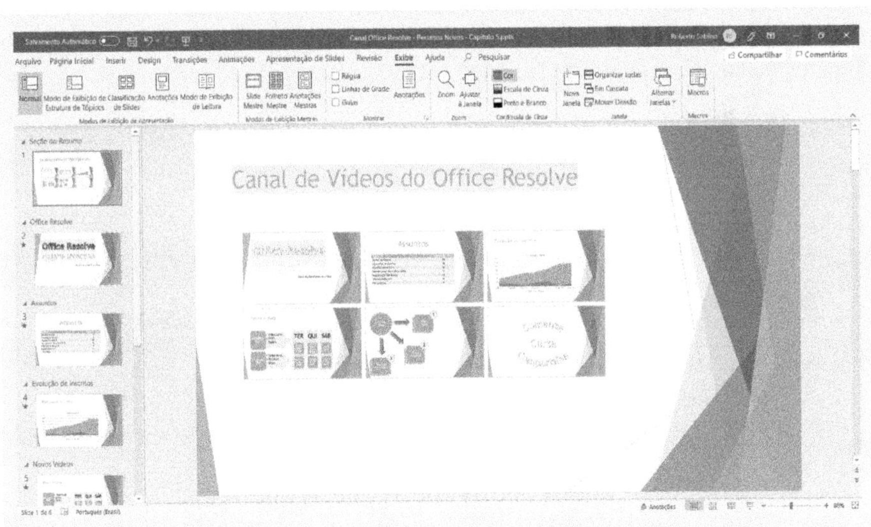

Modo de visualização *Estrutura de Tópicos*

O modo de visualização *Estrutura de Tópicos* oferece uma visão geral do conteúdo da apresentação no formato de tópicos, junto com o detalhe do slide selecionado (como no modo *Normal*). Quando o texto do slide é dividido em tópicos, eles aparecem na *Estrutura de Tópicos*. Para conhecer melhor este modo de visualização, vamos utilizar a apresentação *Relatório de Vendas*, criada no Capítulo 1.

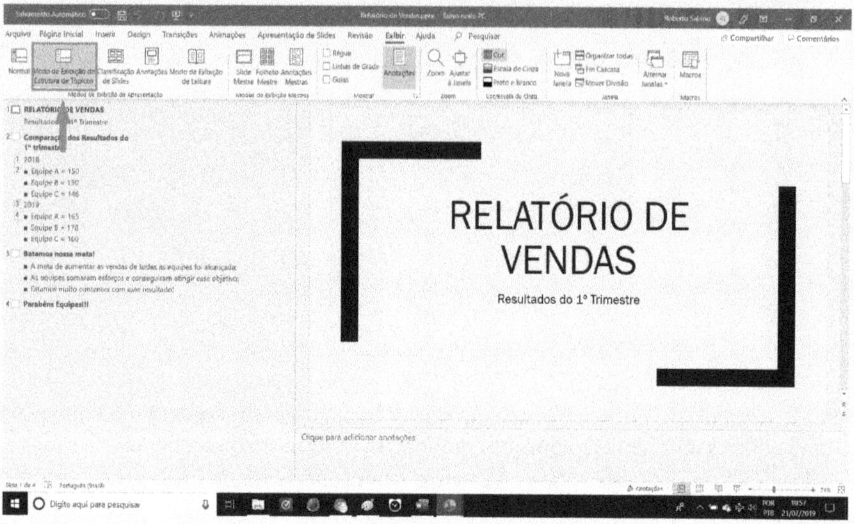

Observe, na próxima figura, o painel à esquerda, onde aparece o texto dos slides que possuem tópicos no conteúdo. O texto fica disponível e é possível até editá-lo sem se preocupar com o layout do slide. Por exemplo, veja o texto em destaque, que foi alterado diretamente no painel de estrutura de tópicos.

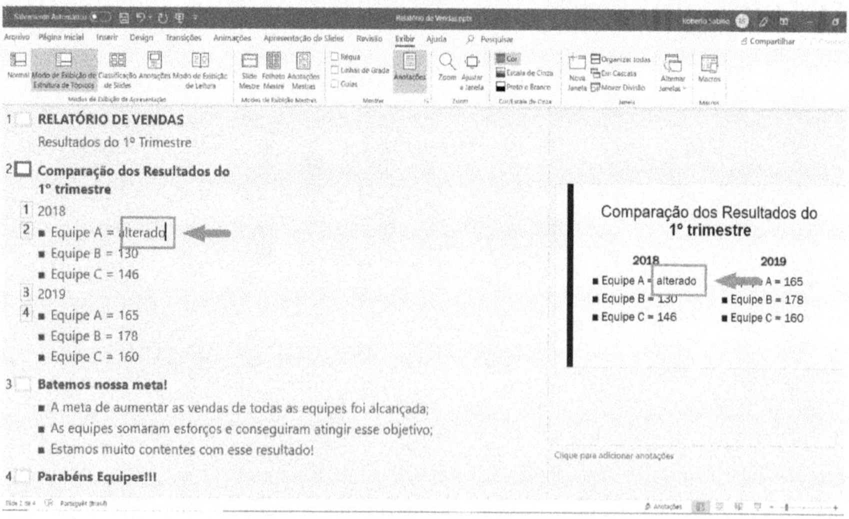

Textos digitados diretamente no slide (por exemplo, dentro de uma tabela) não aparecerão em destaque no painel de tópicos.

> O modo de visualização em tópicos também pode ser usado para fazer uma primeira estruturação da apresentação, antes de se investir tempo com o layout dos slides. Assim, podemos nos concentrar no conteúdo e, só depois que toda a estrutura estiver pronta, nos preocupamos com a forma.

Modo de visualização *Classificação de Slides*

O modo de visualização *Classificação de Slides* ajuda muito na hora de reorganizar a sequência da apresentação, pois apresenta uma visão geral dos slides e permite selecioná-los e reordená-los facilmente. Para fazer alterações em um slide específico, basta clicar duas vezes sobre ele, e o PowerPoint voltará para o último modo de exibição usado (que permita alteração do slide, como o *Normal* ou o *Estrutura de Tópicos*).

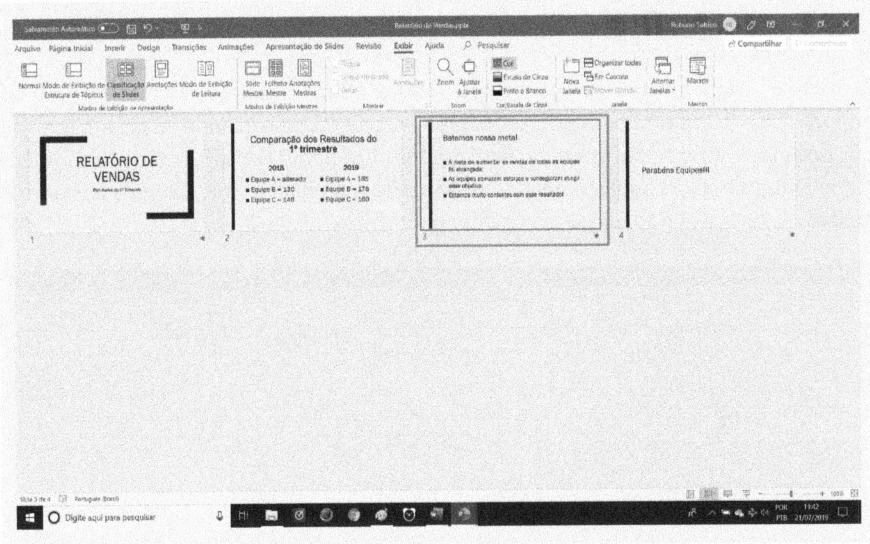

O modo *Classificação de Slides* pode mudar ligeiramente se estivermos usando uma apresentação dividida em seções. No caso da apresentação *Canal de Vídeos – Office Resolve*, quando incluímos o *Zoom de Resumo* (no Capítulo 5), o PowerPoint automaticamente criou uma seção com os slides selecionados. Neste caso, a *Classificação de Slides* exibe as seções separadas horizontalmente, como na figura a seguir:

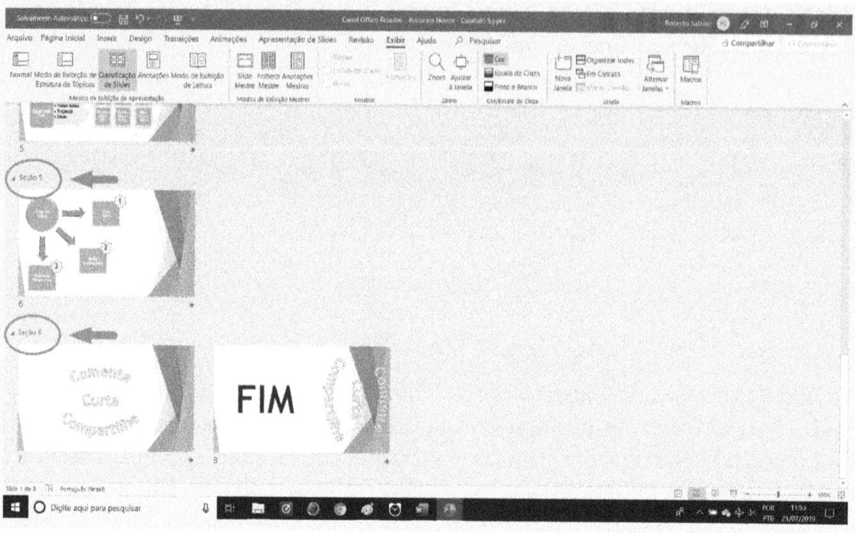

Modo de visualização *Anotações*

O modo de visualização *Anotações* coloca o slide e suas anotações no mesmo grau de importância, dividindo a tela entre as duas informações. Use-o quando criar muitas notas ou com materiais em que as anotações serão usadas para criar algo, como um folheto que será impresso. As anotações feitas neste modo são iguais às que fazemos nos outros modos. A diferença é apenas o maior destaque na tela.

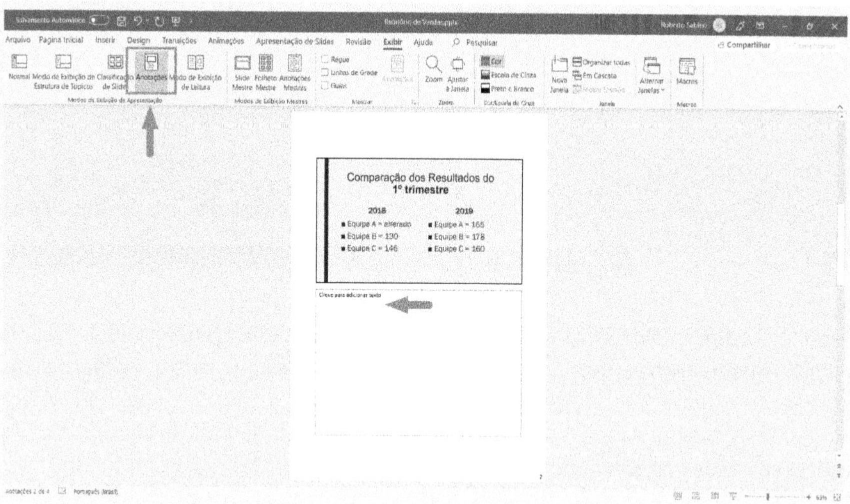

Modo de visualização *Exibição de Leitura*

O modo de visualização *Exibição de Leitura* é semelhante à *Apresentação de Slides*, mas mantém visível a janela do aplicativo. Ajuda muito quando se quer testar como a apresentação ficará, ou para visualizar uma apresentação qualquer enquanto se usa outro aplicativo (a figura a seguir mostra uma janela no modo *Exibição de Leitura* tendo ao fundo uma janela do Microsoft Word):

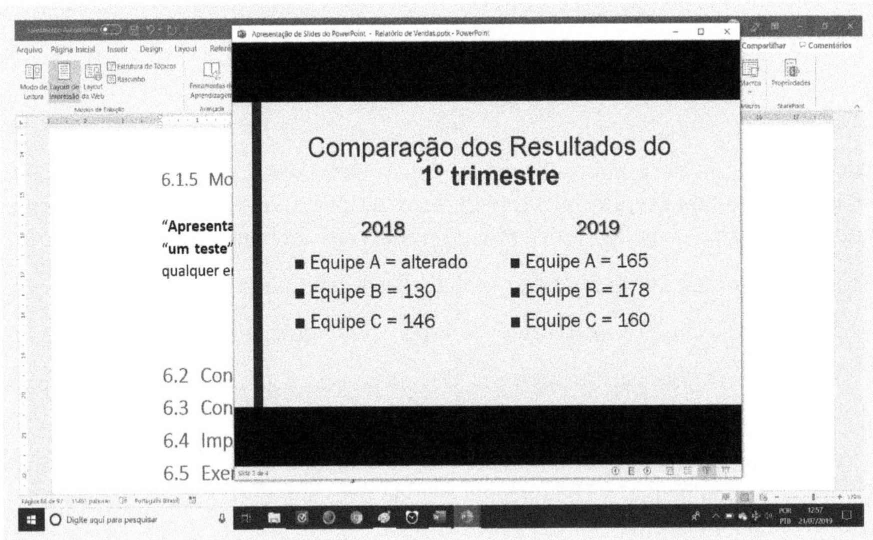

Para sair do modo *Exibição de Leitura*, tecle *Esc* ou use o seletor de modos de visualização, que aparece do lado direito da *Barra de Status*.

Além de usar a guia *Exibir*, é possível alternar entre os modos de exibição pelo seletor de modos, no lado direito da *Barra de Status* (na parte inferior da tela). Note que essa barra é diferente em cada modo de exibição. A figura a seguir mostra a barra do modo *Exibição de Leitura* (a barra no modo *Normal* pode ser vista no Capítulo 1):

❶ Seleção de slides. ❷ Modo *Normal*. ❸ Modo *Classificação de Slides*. ❹ Modo *Apresentação de Slides*.

Personalizando o modo *Apresentação de Slides*

Nos itens anteriores, vimos os modos utilizados para edição e leitura dos slides. O modo *Apresentação de Slides* é mais complexo, porque tem diversos recursos para adequar a apresentação às suas necessidades. Esse modo é tão importante que temos uma guia na *Faixa de Opções* dedicada à sua configuração.

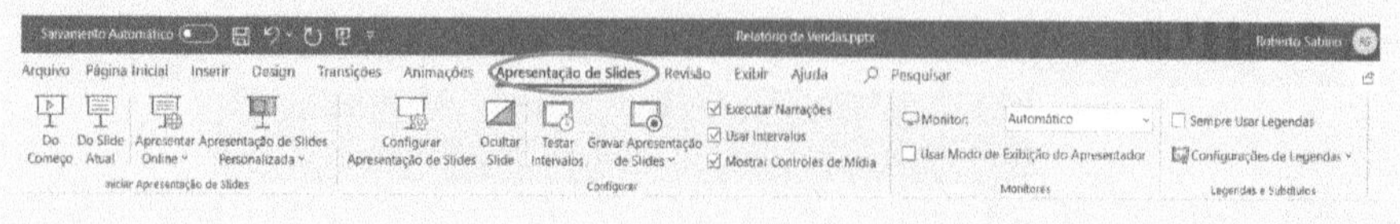

Esse modo de exibição é muito útil quando se quer apresentar os slides criados. Podemos ver a seguir algumas das principais configurações da guia *Apresentação de Slides*, que nos ajudarão a ajustar as configurações de acordo com cada apresentação:

- *Do Começo*: inicia a apresentação de slides desde o primeiro slide.
- *Do Slide Atual*: inicia a apresentação de slides a partir do slide que estiver selecionado.
- *Apresentar Online*: permite usar um serviço on-line e gratuito da Microsoft para disponibilizar a apresentação através da internet por meio de um navegador da web.
- *Configurar Apresentação de Slides*: oferece acesso a uma caixa de diálogo com várias opções de configuração. Use somente quando tiver um nível avançado de conhecimento do PowerPoint.
- *Ocultar Slide*: caso tenha criado algum slide que não pretenda exibir, ou que ainda não esteja pronto para ser apresentado, é possível ocultá-lo no momento da apresentação. Com um segundo clique nesse mesmo botão, é possível voltar o slide ao estado normal e exibi-lo na apresentação.
- *Testar Intervalos*: depois de criar a apresentação, meça o tempo gasto para apresentar cada um dos slides.
- *Gravar Apresentação de Slides*: veremos em detalhes como usar este recurso no Capítulo 8.
- *Monitor*: permite controlar em qual monitor serão apresentados os slides. Por exemplo, caso esteja usando um notebook e queira apresentar os slides numa televisão ou projetor, é possível configurar em qual dos monitores a apresentação deve aparecer. Com isso, o segundo monitor fica livre para se usar outro aplicativo ou o *Modo de Exibição do Apresentador*.
- *Modo de Exibição do Apresentador*: ao usar este modo de exibição, um dos monitores exibirá a apresentação de slides, enquanto o outro mostrará um painel de controle da apresentação, com informações tais como o tempo de apresentação, o tempo do slide atual, qual é o próximo slide, etc.

VISUALIZANDO O SLIDE MESTRE

O PowerPoint possui um recurso interessante para realizar alterações em vários slides de uma só vez: o slide mestre (ou os slides mestres, porque podem ser vários). Com ele, os layouts do modelo são compartilhados por todos os slides da apresentação.

O slide mestre fica oculto e não pode ser editado pelo usuário. Porém, algumas vezes, pode ser interessante modificá-lo, por exemplo para colocar o logo da empresa responsável pela apresentação, ou para alterar algum detalhe simples no modelo.

> Muito cuidado ao editar o slide mestre, já que um erro pode comprometer toda a apresentação.

Para visualizar o slide mestre, também usamos a guia *Exibir*.

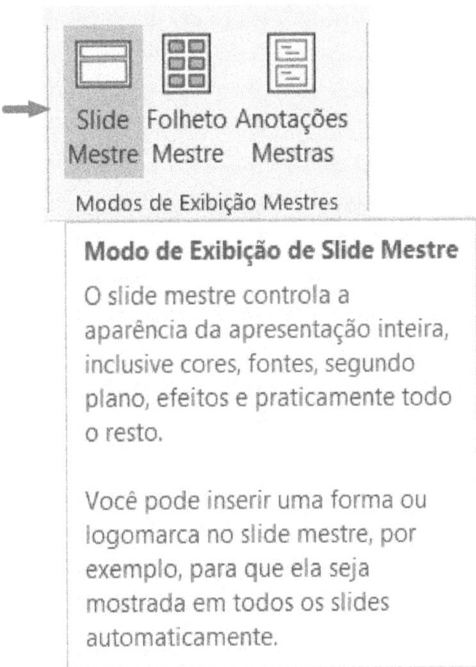

A imagem a seguir mostra um slide mestre. É altamente recomendado usar esse recurso somente depois de adquirir uma boa familiaridade com o PowerPoint 2019, para evitar qualquer problema. Lembre-se que as alterações na estrutura do slide mestre refletirão na apresentação como um todo. A edição do slide mestre é abordada em conteúdos avançados de PowerPoint.

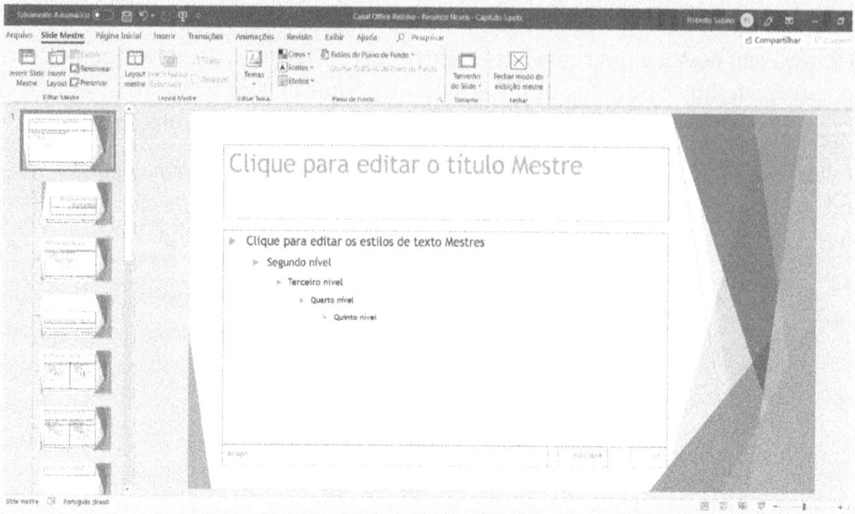

Para sair do modo de edição do slide mestre, há três maneiras:

- clique na guia *Slide Mestre* e depois em *Fechar modo de exibição mestre;*
- clique na guia *Exibir* e escolha outro modo de visualização;
- no lado direito na *Barra de Status*, escolha outro modo de visualização.

Configurando a impressão

Além dos modos de exibição para organizar a apresentação, o PowerPoint oferece uma forma específica para configurar a impressão. Não se preocupe em decorar todas essas opções; use sempre aquela que achar mais prática, pois o que importa é chegar ao objetivo final.

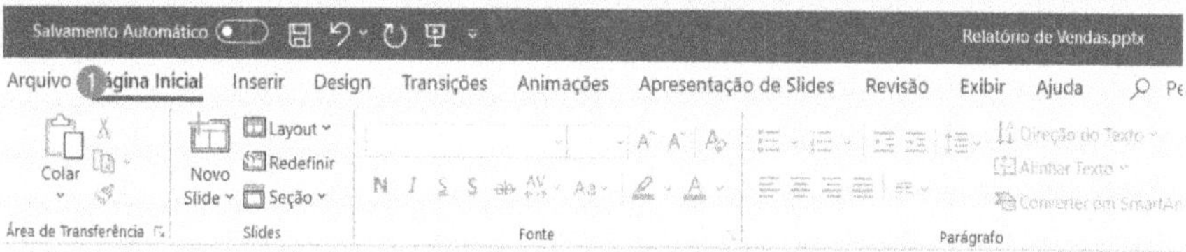

1 Vamos observar agora que a guia *Arquivo* da *Faixa de Opções* é um pouco diferente das demais. Por meio dessa guia, podemos acessar a opção *Imprimir.*

1. Clique na guia *Arquivo* e em seguida na opção *Imprimir*, para ter acesso às ferramentas de configuração.

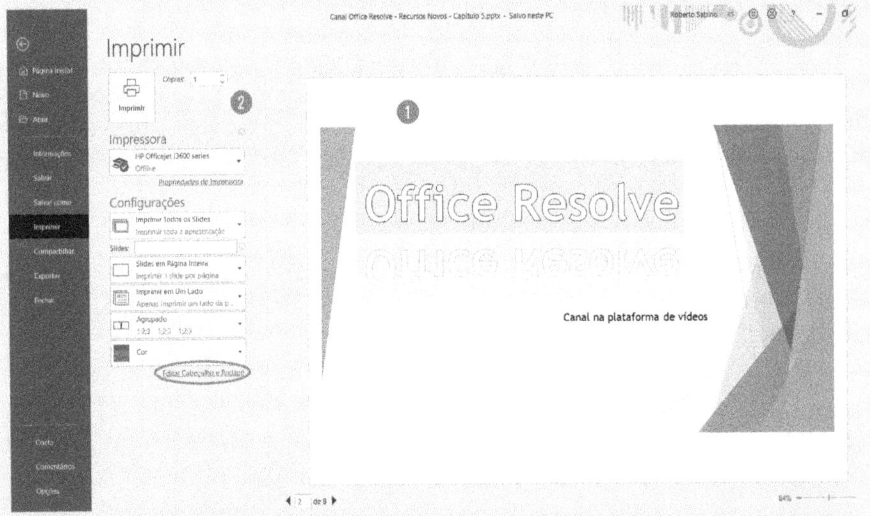

(1) Aqui vemos o layout de um slide impresso. Na configuração padrão, cada slide será impresso em uma folha, mas é possível alterar isso. (2) À esquerda, encontramos várias opções rápidas de impressão, que podem ser usadas para definir o resultado desejado. Ao mudar alguma configuração, o resultado será refletido no layout da página.

Antes de utilizar as opções de configurar página, vamos entender os principais itens das configurações de impressão:

- *Cópias*: define o número de cópias que serão feitas da impressão configurada.
- *Impressora*: define em qual impressora deve ser feita a impressão (se houver impressoras em rede, pode ser preciso configurá-las antes de utilizá-las).
- *Imprimir Todos os Slides*: por padrão, todos os slides serão impressos, mas é possível escolher quais intervalos ou quais slides devem ser impressos.
- *Slides em Página Inteira*: define como a apresentação deve ser considerada na impressão. A opção padrão é *Slides em Página Inteira*, mas veremos a seguir quais as outras opções que temos.
- *Imprimir em Um Lado*: serve para escolher usar apenas um dos lados da folha ou frente e verso (dependendo da impressora, isso será automático ou manual).
- *Agrupado/Desagrupado*: permite imprimir cada conjunto de páginas por vez (*Agrupado*) ou imprimir todas as cópias da mesma página em sequência (*Desagrupado*).
- *Cor*: define se a impressão será colorida, branco e preto ou em tons de cinza.

Além dessas opções, clicando em *Propriedades da Impressora,* você poderá definir outras características da impressão. Clicando na opção *Editar Cabeçalho e Rodapé,* o PowerPoint abrirá uma janela de configuração que depende do formato de impressão escolhida. Veremos essas opções no próximo item.

Escolhendo o formato de impressão

Uma apresentação de slides nem sempre precisa ser impressa; por isso, estude as formas de compartilhamento e publicação antes de decidir imprimi-la. Contudo, caso seja realmente necessário, há quatro formatos principais para você escolher o mais adequado para sua necessidade: *Slides em Página Inteira*, *Anotações*, *Estrutura de Tópicos* e *Folhetos*.

Slides em Página Inteira

Esse é o formato padrão de impressão usado pelo PowerPoint, muito útil quando os slides forem complexos e detalhados, pois imprime cada um em uma folha, deixando as informações bem visíveis.

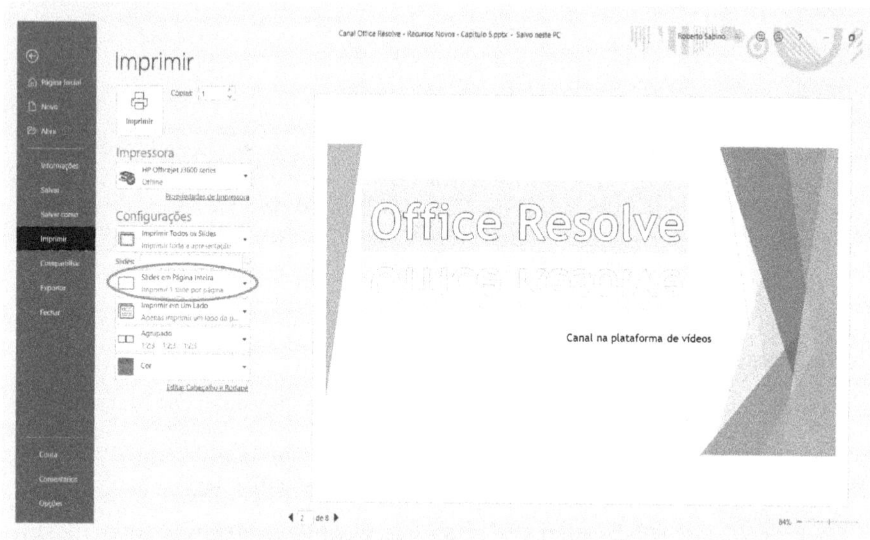

Esse formato é um dos que mais gasta tinta ou toner da impressora e papel, portanto pense bem antes de usá-lo.

Anotações

O formato de impressão *Anotações* serve para mostrar as anotações na impressão, assim como o modo de exibição de mesmo nome. Use-o quando quiser ter todas as anotações dos slides impressas.

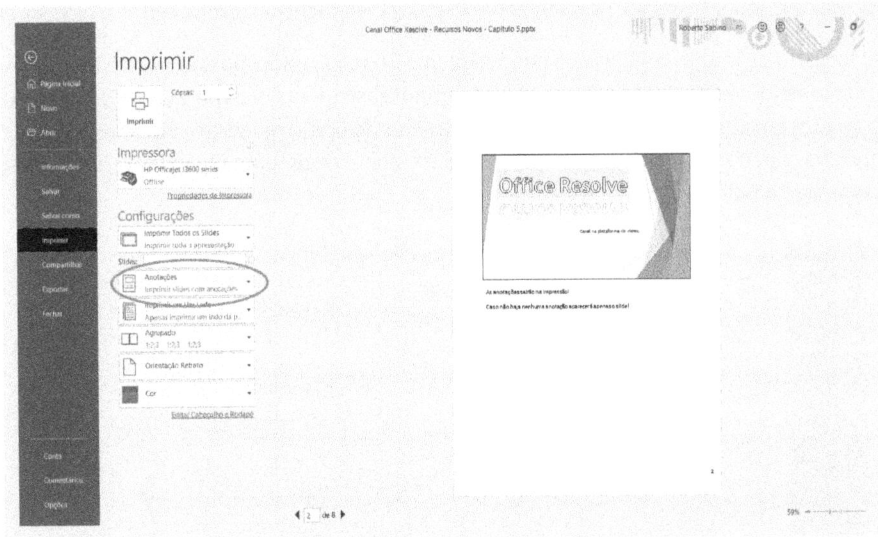

Estrutura de Tópicos

Este é um formato de impressão que espelha o modo de exibição *Estrutura de Tópicos*, que vimos no começo do capítulo. É bem interessante para se ter um resumo da apresentação sem precisar gastar muita tinta ou toner da impressora com os slides.

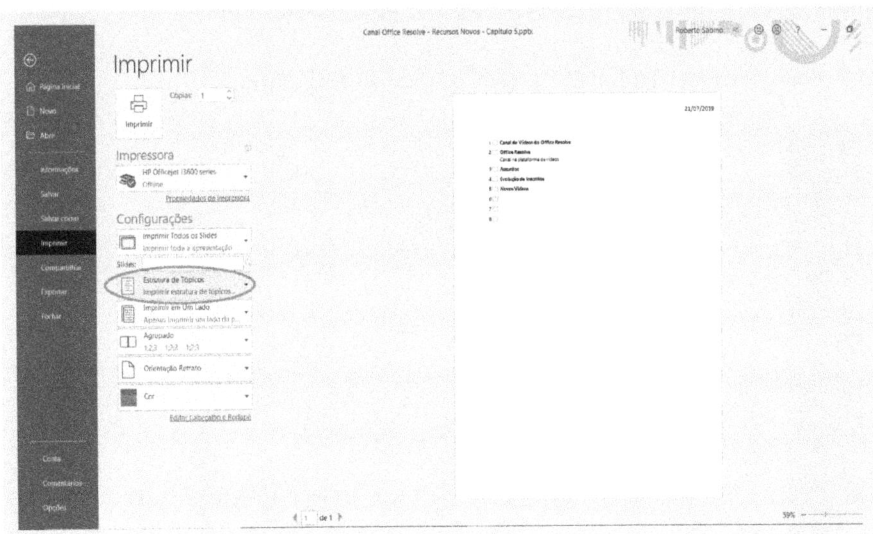

Folhetos

O formato de impressão *Folhetos* possivelmente é o mais usado, porque permite escolher quantos slides serão impressos por folha. Muitos instrutores que montam treinamentos baseados em apresentações do PowerPoint usam essa opção para fazer rapidamente uma apostila com o material de estudo. É possível escolher layouts com espaço para anotações, como o exemplo da figura a seguir.

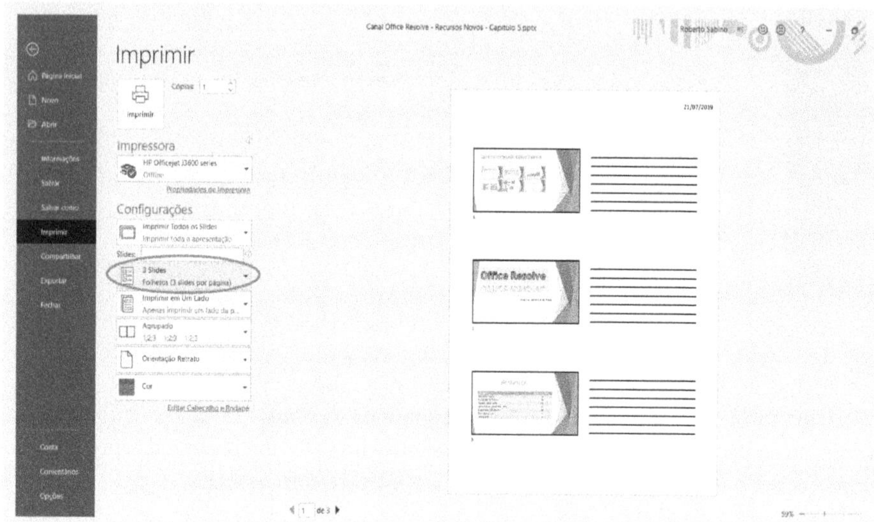

O formato de impressão *Folhetos* possibilita usar diversos layouts:

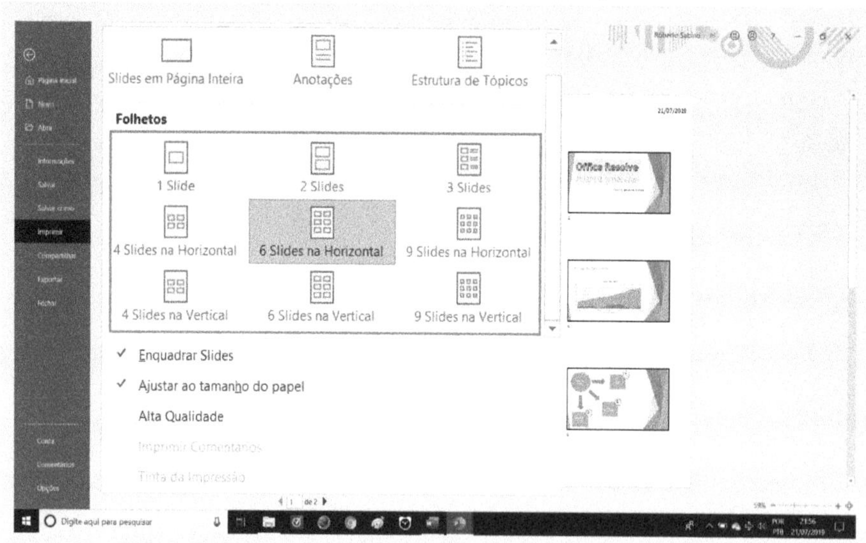

Imprimindo com economia

Usar as configurações de impressão corretamente pode ajudar a economizar papel e tinta, além de contribuir para a economia ambiental (sustentabilidade). Configure a impressora para imprimir em qualidade de rascunho, ou em branco e preto, quando o documento for apenas para uso pessoal. Após ajustar todas as configurações, é só clicar no botão *Imprimir*.

Detalhes ao salvar a apresentação

Aproveitando que estamos na guia *Arquivo*, vamos aprender alguns detalhes sobre a gravação da apresentação:

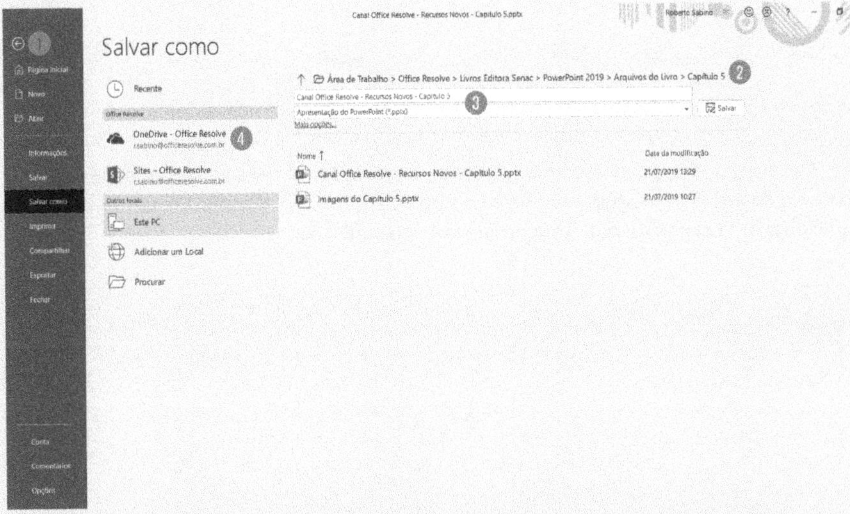

❶ Clique na setinha para voltar para a planilha. ❷ Você pode visualizar o caminho do local onde a apresentação está gravada (ou defini-lo na primeira vez que gravá-la). Caso queira salvar em outra pasta, clique sobre o caminho mostrado aqui. ❸ Visualize ou altere o nome da apresentação e o tipo de arquivo (caso precise gravar em outro formato, por questões de compatibilidade ou para criar imagens, por exemplo). ❹ OneDrive é o serviço de gravação na nuvem da Microsoft. Está facilmente integrado com o PowerPoint 2019 e pode ser uma ótima opção para não ter que gravar a apresentação diretamente no PC ou notebook.

Para algumas pessoas que já trabalhavam com as versões anteriores do PowerPoint, pode ser mais fácil acessar a caixa de diálogo *Salvar como* clicando em *Mais opções* ou na linha que mostra o caminho onde a apresentação está gravada (na imagem anterior, *Área de Trabalho > Office Resolve > Livros Editora Senac > PowerPoint 2019*). A figura a seguir mostra a caixa de diálogo *Salvar como*:

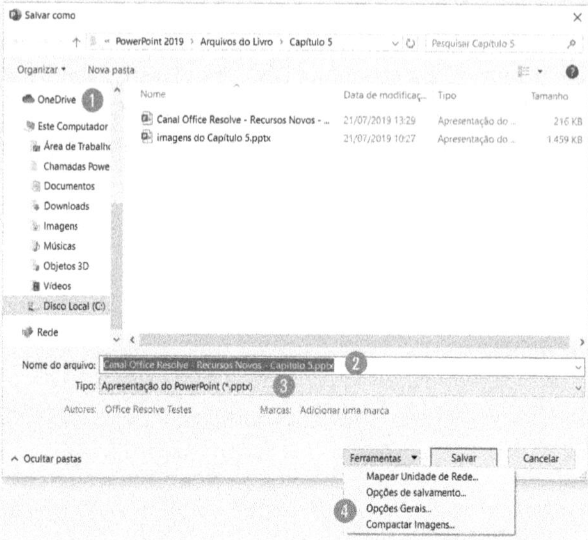

1 À esquerda, é possível escolher o local para gravação. 2 Neste campo, define-se o nome do arquivo. 3 Aqui escolhe-se o tipo de arquivo. 4 Use *Opções Gerais* para adicionar uma senha caso precise proteger a apresentação.

Se quiser criar um arquivo *PDF*, altere o tipo de arquivo no momento de gravar a apresentação.

Exercícios

Neste capítulo, vamos fazer alguns exercícios simples para fixar o uso dos modos de exibição.

Exercício 1: anotações

Usando a apresentação *Canal de Vídeos-Office Resolve*, coloque uma observação em todos os slides usando o modo de exibição *Anotação*.

Exercício 2: proteção com senha

Salve a apresentação com senha de proteção (anote a senha antes de salvar).

Exercício 3: criando um PDF

Crie um arquivo PDF com todos os slides da apresentação.

Exercício 4: impressão

Imprima apenas os três primeiros slides usando o modelo de *Folhetos* com três slides por folha e espaço para anotação.

Anotações

Anotações

Anotações

7 Colaboração on-line

Colaboração on-line é uma forma de interagir com sua equipe de trabalho ou com seus amigos para compartilhar e editar documentos, planilhas e apresentações diretamente na nuvem. Os aplicativos do Microsoft Office estão ligados nativamente ao OneDrive, o serviço de armazenamento em nuvem da Microsoft que permite esse tipo de interação. A colaboração on-line com o OneDrive permite:

» Acessar seus arquivos diretamente na nuvem, sem precisar armazená-los fisicamente em seu computador.

» Usar esses arquivos como backup.

» Sincronizar o OneDrive diretamente com seus arquivos do Windows, de forma que você passe a ter uma cópia deles no seu computador sincronizada com uma versão na nuvem.

» Compartilhar arquivos com seus contatos sem precisar enviar anexos em e-mails.

» Editar arquivos simultaneamente com outras pessoas, diretamente na nuvem e em tempo real.

» Acessar arquivos em seus dispositivos móveis sem precisar enviá-los para o tablet ou smartphone.

Como acessar a versão on-line do PowerPoint

Uma maneira fácil de trabalhar com colaboração on-line é usar a versão on-line do Office, que está cada vez mais estável e incorporando pouco a pouco os recursos da versão para desktop.

Não confunda o PowerPoint Online (disponível gratuitamente no OneDrive para uso pessoal, sendo necessário apenas que se possua uma conta da Microsoft) com o PowerPoint no Office 365 (um serviço de assinatura paga que disponibiliza a versão mais atualizada dos principais aplicativos do Microsoft Office, inclusive para uso corporativo). Para aprender a usar o PowerPoint Online, vamos primeiro entrar no OneDrive e criar uma conta da Microsoft.

1. No navegador de internet, acesse *https://onedrive.live.com/about/pt-br/*
2. Procure o botão *Inscrever-se Gratuitamente.* Será aberta a página a seguir:

❶ Caso ainda não tenha uma conta da Microsoft, você pode criar uma. ❷ Caso já possua uma conta, é só clicar em *Entrar.*

Depois de criar a sua conta da Microsoft e entrar no OneDrive, você terá acesso aos aplicativos do Office (versão on-line).

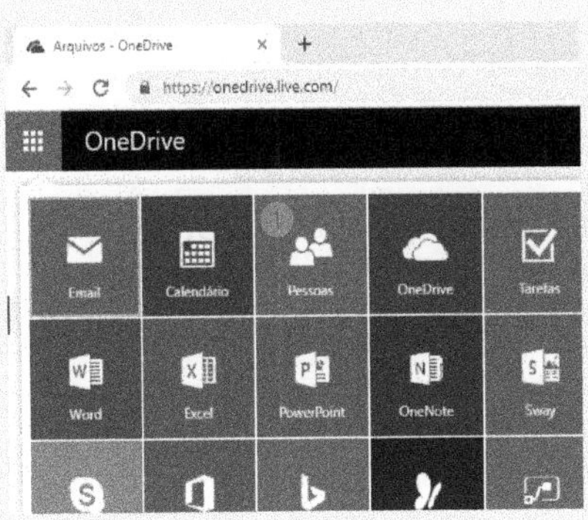

❶ Fica mais fácil usar a versão on-line do PowerPoint se as apresentações estiverem guardadas no OneDrive. Contudo, você também pode abrir apresentações diretamente do seu computador.

3. Clique no ícone do PowerPoint para usá-lo normalmente. Quase tudo que aprendemos para a versão desktop funcionará da mesma forma na versão on-line.

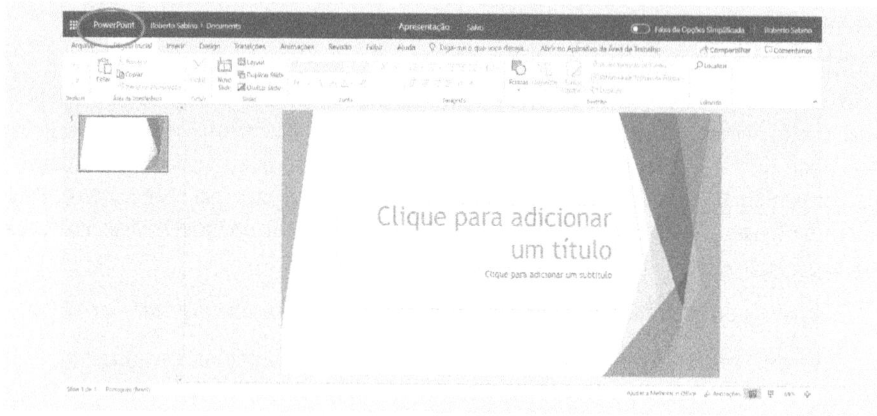

Diferenças entre a versão on-line e a versão para desktop

Podemos listar algumas diferenças entre o PowerPoint Online e o PowerPoint 2019 para desktop. Contudo, vale salientar que as versões têm sido atualizadas com muito mais rapidez, e até mesmo a versão para desktop, quando adquirida pela assinatura Office 365, tem atualizações constantes.

Outra observação importante é que o PowerPoint Online (assim como os aplicativos para celular e tablet), quando associado a uma assinatura do Office 365, ganha recursos extras. Essa versão com recursos extras não é gratuita, por isso vamos listar a seguir apenas os recursos presentes na versão mais simples.

PowerPoint Online	**PowerPoint 2019 para desktop**
Editar as apresentações diretamente no navegador web, com recursos simplificados.	Editar as apresentações com todos os recursos disponíveis.
Editar apresentações em computadores que não têm o PowerPoint instalado.	Editar apresentações somente quando o PowerPoint estiver instalado no computador.
Abrir automaticamente as apresentações salvas no OneDrive.	Para editar e gravar no OneDrive, é preciso selecionar essa opção no momento da gravação.
A opção para salvar automaticamente é ligada por padrão.	É possível configurar o programa para salvar automaticamente as apresentações que tenham sido gravadas no OneDrive.
Permite colaboração on-line diretamente na apresentação e em dispositivos diferentes.	Para ativar a colaboração on-line, é necessário colocar a apresentação no OneDrive e usar uma conta da Microsoft.

(cont.)

PowerPoint Online	PowerPoint 2019 para desktop
Aplicativo disponível para tablets e smartphones.	Para planilhas que forem gravadas no computador, essas opções não estarão disponíveis.
O uso e a edição de macros ainda não estão disponíveis.	Permite a criação, a gravação e o uso de macros para automatizar as apresentações.
O idioma da planilha será determinado pela sua conta, e pode ser que alguns recursos apareçam em inglês, caso o idioma não tenha sido corretamente definido.	Todos os recursos disponíveis no idioma de instalação da versão desktop.

Usando o OneDrive

A colaboração on-line fica muito mais fácil quando se usa o serviço de armazenamento em nuvem da Microsoft, o OneDrive, que é integrado de maneira nativa com os aplicativos do Microsoft Office. Vamos ver a seguir algumas formas de usar o OneDrive.

Antes de começarmos a usar o OneDrive, vale destacar que esse é um serviço on-line, então pode haver atualizações ou pequenas diferenças de acordo com o navegador de internet utilizado. Além disso, as imagens deste capítulo utilizam a versão business, que pode ter algumas opções a mais que a versão gratuita.

Carregar uma apresentação do seu computador

Se a apresentação já foi criada no seu computador e você deseja facilitar a colaboração on-line, é possível carregá-la para o OneDrive da seguinte forma:

1. Usando a sua conta da Microsoft, acesse o OneDrive pelo endereço https://onedrive.live.com/about/pt-br/.
2. Na página que se abre, clique em *Novo* e depois em *Pasta*, para criar uma nova pasta onde a apresentação será salva.

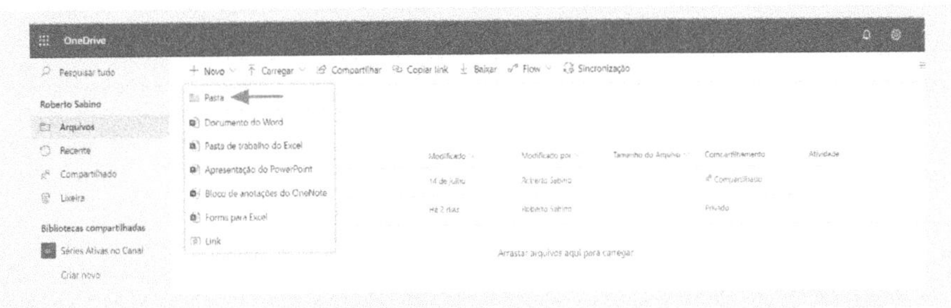

3. Dê o nome de *Apresentações* à pasta e clique em *Criar.*

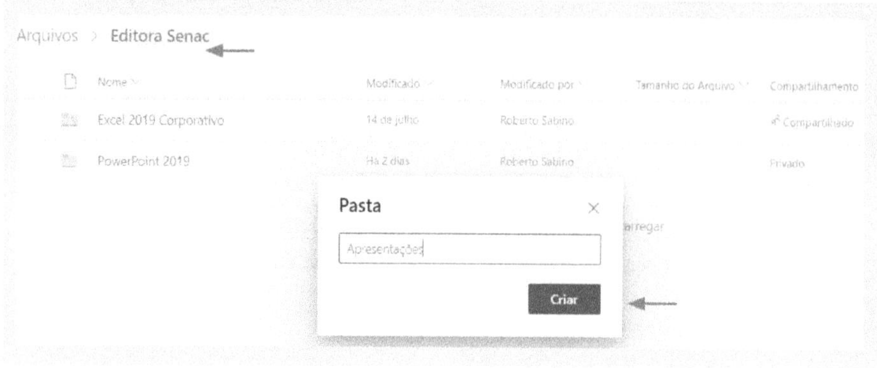

4. Em seguida, clique sobre a pasta recém-criada para acessá-la.
5. Dentro da pasta, clique em *Carregar* e escolha a opção *Arquivo.*

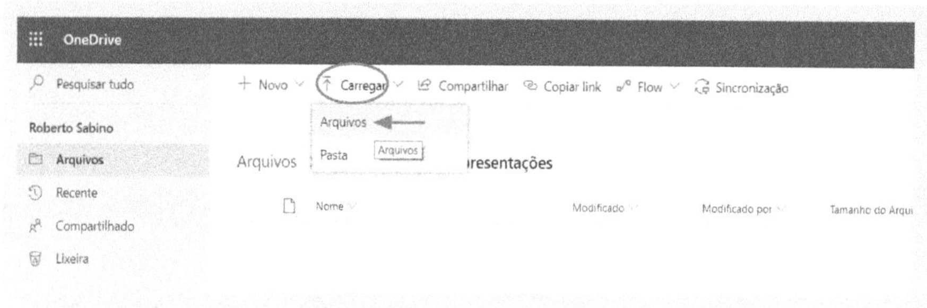

6. Agora, localize em seu computador a apresentação *Canal Office Resolve – Recursos Novos – Capítulo 5* e clique em *Abrir.*

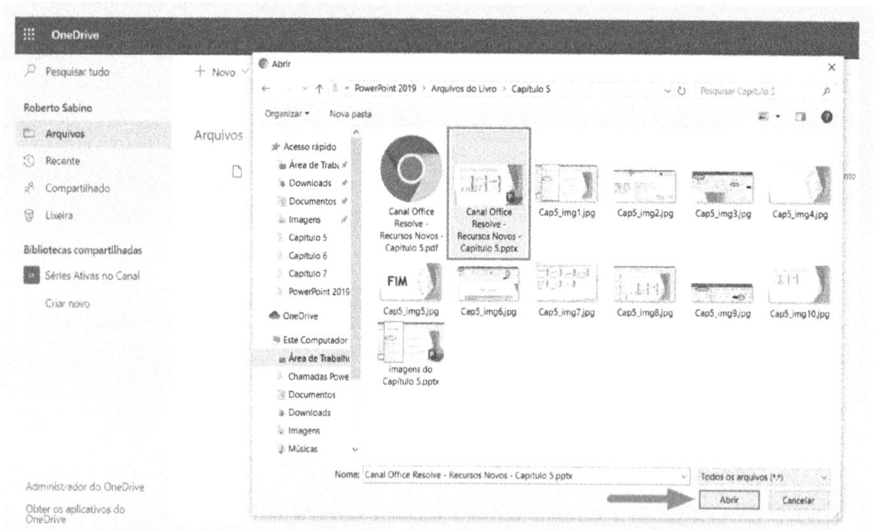

Pronto. A apresentação estará disponível no OneDrive.

Abrir uma apresentação no OneDrive

Abrir uma apresentação do OneDrive é muito fácil, porque o serviço já está nativamente integrado com o PowerPoint 2019 e com o PowerPoint Online. Assim, é possível escolher onde se deseja editar a apresentação. Por exemplo, para fazer pequenas alterações no arquivo, ou para trabalhar ao mesmo tempo que outros colegas de equipe, pode ser mais fácil usar o PowerPoint Online. Para fazer edições mais complexas, use o PowerPoint 2019 em seu computador.

1. No OneDrive, localize a apresentação que deseja alterar.
2. Clique sobre ela para editá-la diretamente no PowerPoint Online, ou selecione-a para escolher onde quer editá-la.

❶ Se quiser editar a apresentação no PowerPoint Online, clique sobre o nome. ❷ Para escolher onde editá-la, selecione a apresentação e clique em *Abrir*, no menu superior.

Agora, basta usar seus conhecimentos em PowerPoint e fazer as alterações desejadas na apresentação. Se usar o PowerPoint Online, suas alterações serão gravadas automaticamente no OneDrive.

Editando com colaboração on-line

Agora que a apresentação está carregada no OneDrive, podemos trabalhar com colaboração on-line em tempo real. Para simular como trabalhar com várias pessoas ao mesmo tempo, neste exemplo vamos usar o aplicativo PowerPoint Online em um notebook (ou PC) com o PowerPoint para Android em um celular e em um tablet. Assim, também veremos as diferenças entre os aplicativos e como funciona a edição simultânea em múltiplos dispositivos.

> Lembre-se de que para usar o OneDrive e o PowerPoint Online é preciso ter uma conta da Microsoft. Caso tenha mais de uma conta, verifique se está logado com a mesma conta em todos os dispositivos. Para usar contas diferentes, é preciso compartilhar a apresentação.

Vamos usar a apresentação que carregamos para o OneDrive no item anterior.

PowerPoint Online em um notebook

1. No notebook, acesse o OneDrive pelo navegador de sua preferência, localize a apresentação e clique sobre ela para abrir o PowerPoint Online.

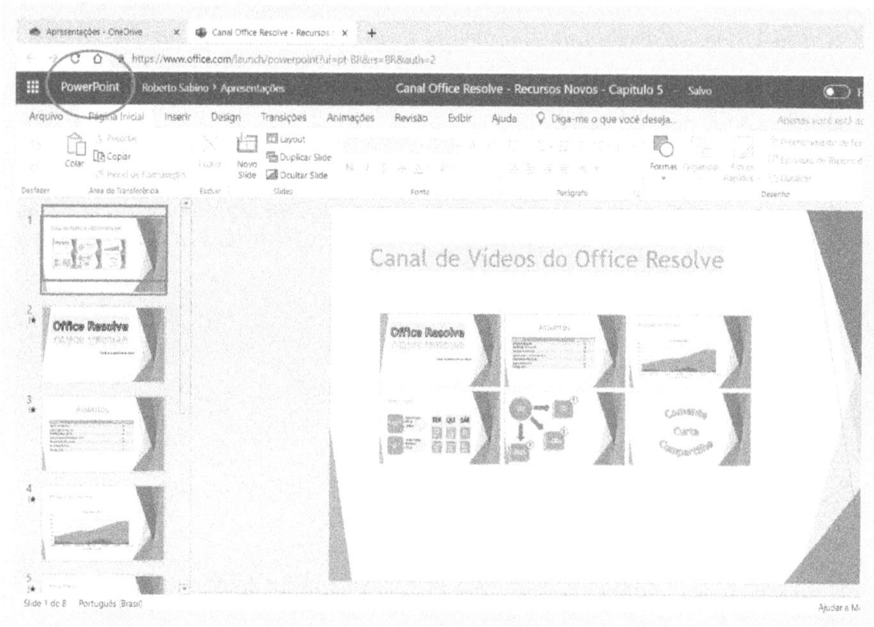

Note a semelhança entre o PowerPoint Online e a versão para desktop que usamos até agora. Dependendo do navegador que você estiver usando, ou da assinatura do Microsoft Office, pode haver pequenas diferenças nos comandos disponíveis.

PowerPoint Online para Android (celular)

Ao configurar a sua conta da Microsoft e passar a usar o PowerPoint Online, também fica disponível o uso dos aplicativos para celular e tablet integrados à sua conta, de forma que você pode acessar diretamente suas apresentações nos dispositivos móveis.

1. Em seu celular, baixe o aplicativo do PowerPoint e abra-o.

2. Entre no aplicativo usando a sua conta da Microsoft (preferencialmente a mesma que usou no notebook, para visualizar a apresentação sem precisar compartilhá-la com a outra conta) e localize a apresentação carregada anteriormente.

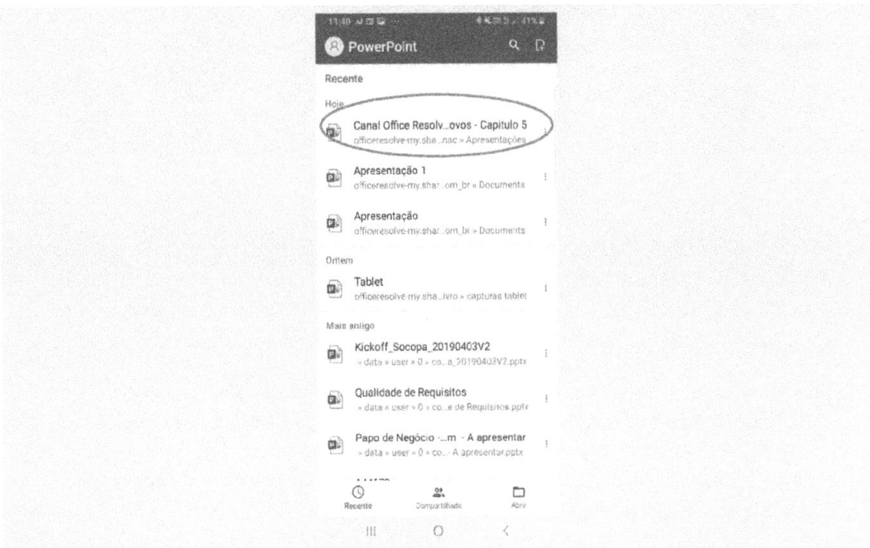

3. Toque sobre a apresentação para abri-la.

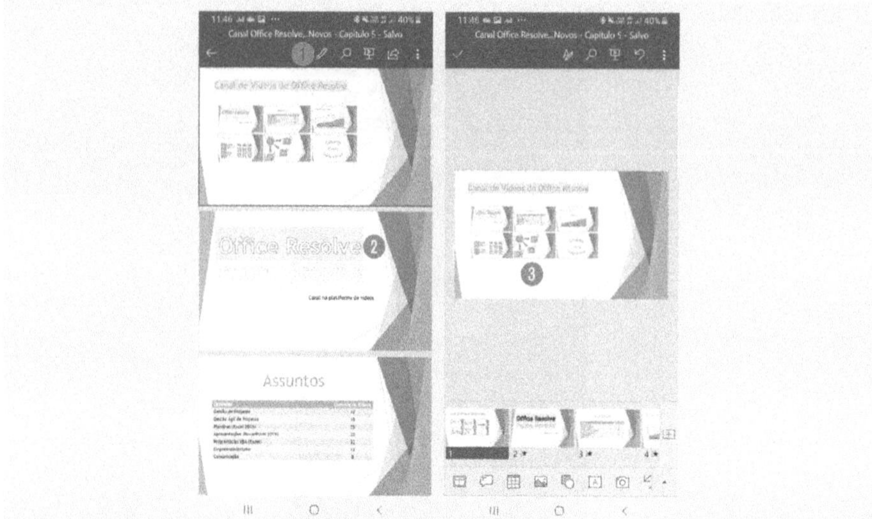

❶ Toque no lápis para entrar no modo de edição. ❷ Esse é o modo de visualização simplificada. ❸ Esse é o modo de edição.

4. Vire a tela do seu celular no sentido *Paisagem* para aproveitar melhor a tela.

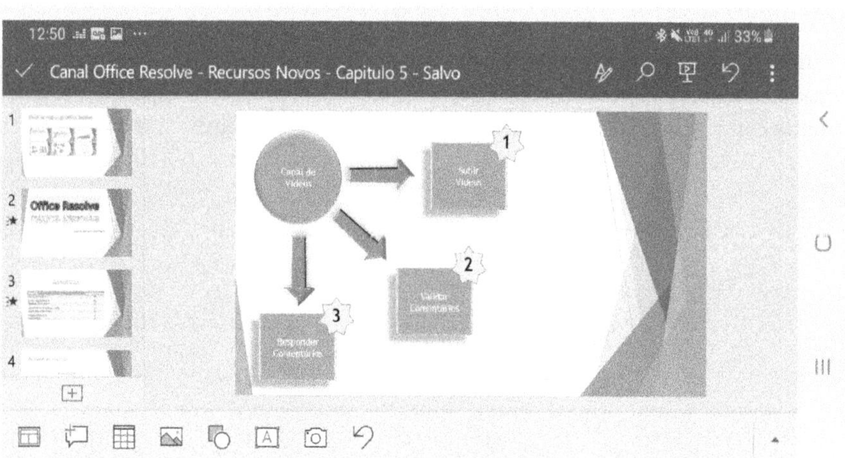

> Note que o aplicativo para celular tem um visual diferente, e pode ser um pouco mais complicado acostumar-se com ele. O aplicativo de celular é ideal para fazer pequenos ajustes quando você estiver longe do seu computador, ganhando em produtividade.

PowerPoint Online para Android (tablet)

1. Em seu tablet, baixe o aplicativo do PowerPoint e abra-o.

2. Entre no aplicativo usando a sua conta da Microsoft (preferencialmente a mesma que usou no notebook e no celular, para visualizar a apresentação sem precisar compartilhá-la com a outra conta) e toque sobre ela para abri-la.

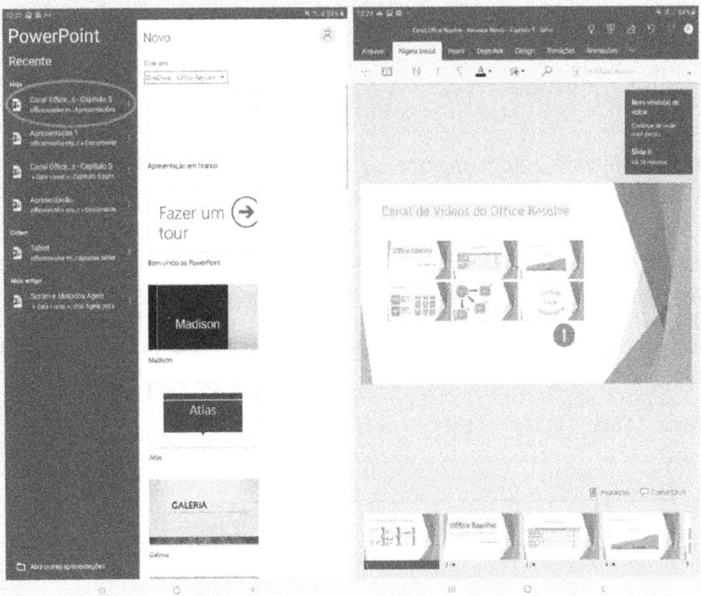

1 O aplicativo otimizado para tablet já entra em modo de edição.

3. Vire o tablet no sentido *Paisagem* para aproveitar melhor a tela.

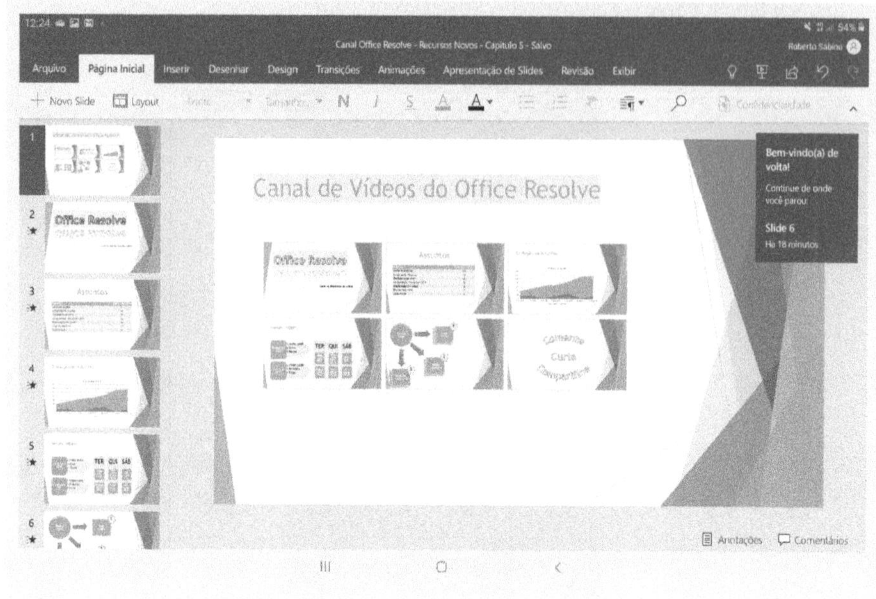

Observe que o aplicativo para tablet tem algumas otimizações que o tornam mais parecido com o PowerPoint para desktop. Mesmo assim, é necessário acostumar-se com a usabilidade um pouco diferente.

Escrever ou desenhar com tinta digital

Conforme mencionado anteriormente, o recurso de escrita direta nos slides com tinta digital só está disponível nos aplicativos para dispositivos com tela sensível ao toque (touch screen). Aproveitando a apresentação que já acessamos nos aplicativos móveis, vamos criar um novo slide para ver como esse recurso funciona (neste exemplo, usaremos o aplicativo para tablet).

1. Acesse a apresentação que está gravada no OneDrive através do aplicativo PowerPoint no tablet.
2. Selecione o *Slide 5* e depois clique em *Novo Slide.*

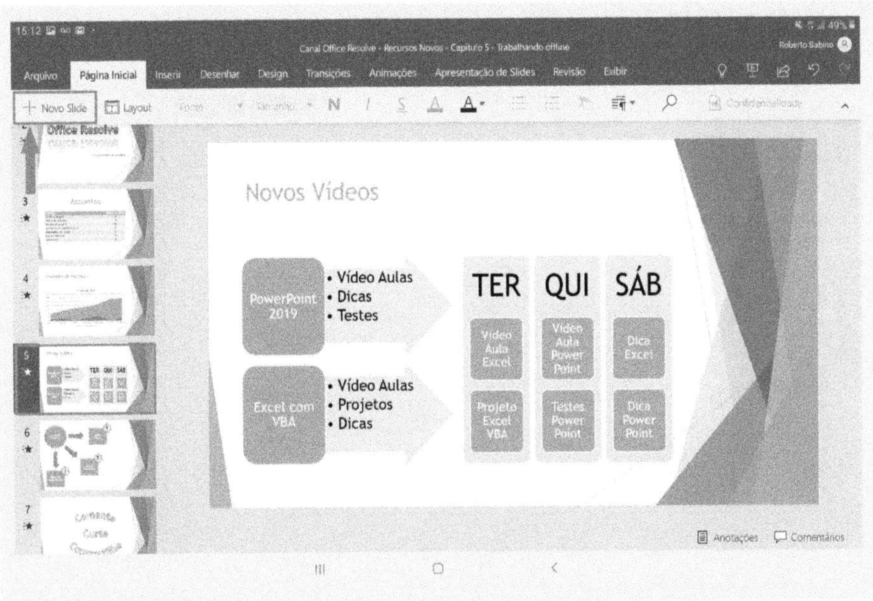

3. Toque duas vezes no título do slide e digite *Exemplo de desenho com tinta digital.*

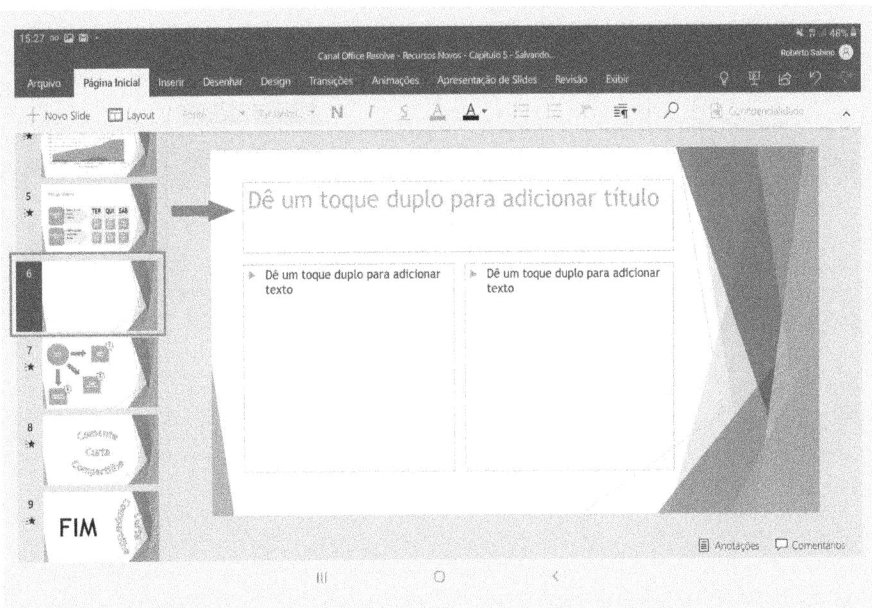

4. Depois, toque na guia *Desenhar*.

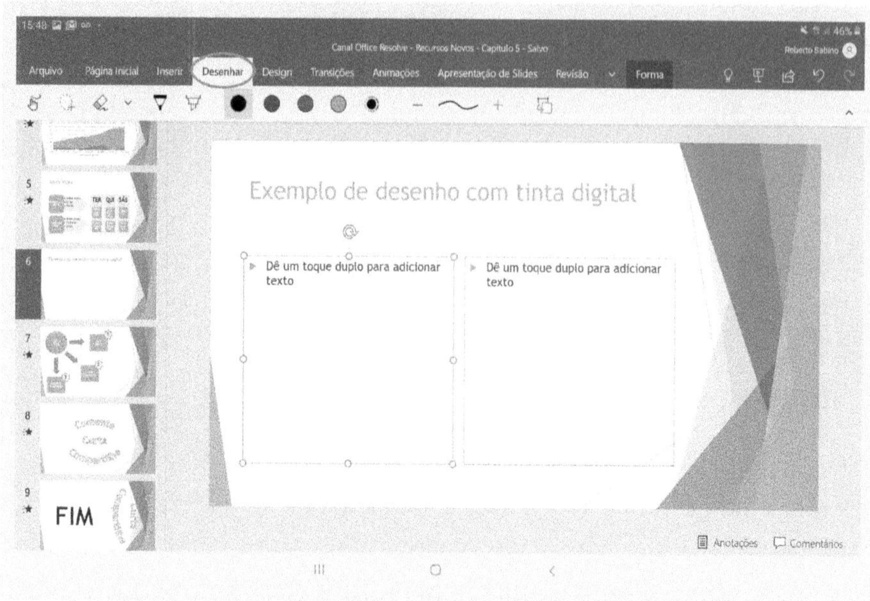

Note que essa guia não está presente no aplicativo PowerPoint 2019 para desktop.

5. Agora, selecione a cor e a espessura do traço.

6. Em seguida, desenhe algumas coisas à mão livre.

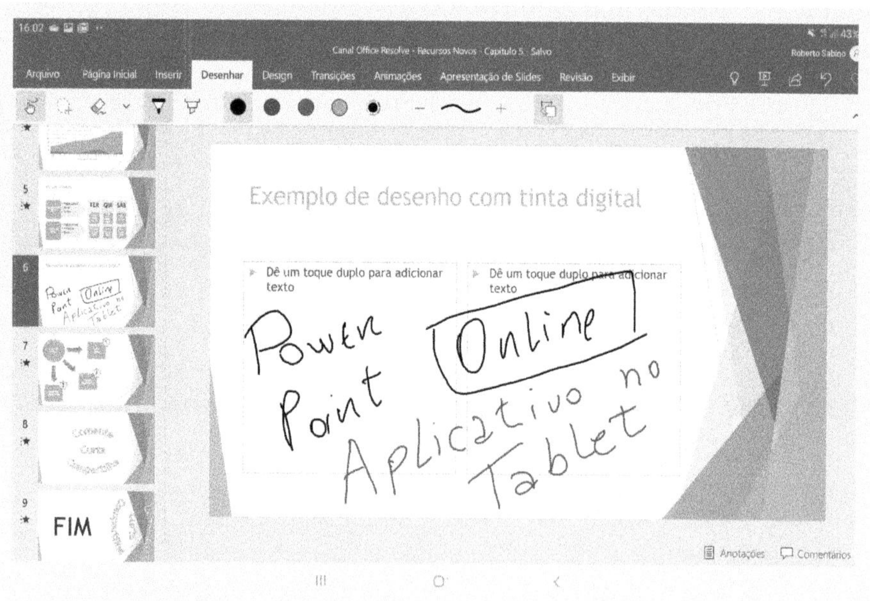

7. Agora, para entender o mecanismo de edição com colaboração on-line, mantendo o aplicativo aberto, abra o PowerPoint Online no computador.

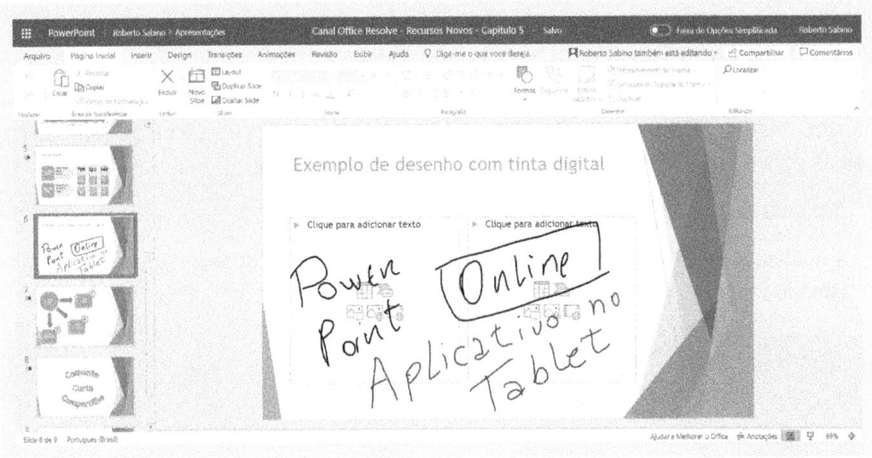

Note que o slide novo já está lá, e qualquer alteração que for feita em um dos dois ambientes será refletida automaticamente no outro (o tempo de atualização varia de acordo com a velocidade da internet).

8. Exclua as duas caixas de texto que estão sem uso no slide.

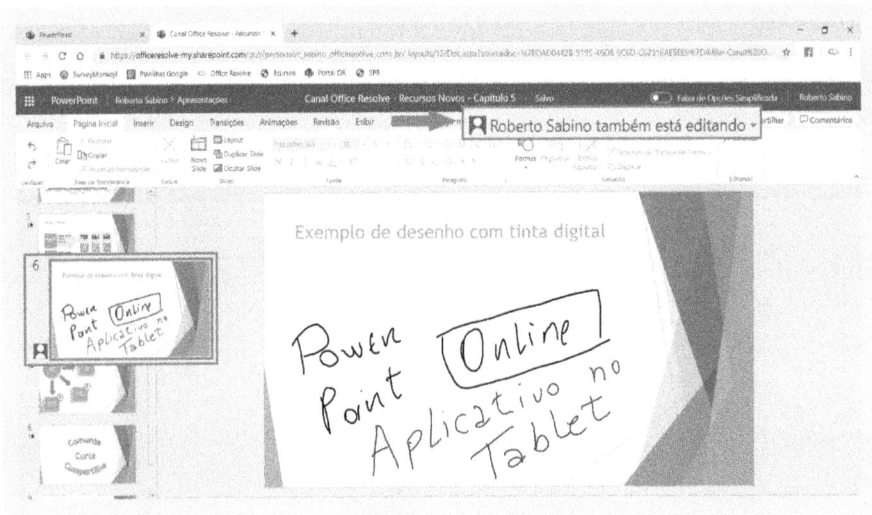

Ao apagar as caixas de texto, cuidado para não excluir por engano os escritos à mão.

9. A apresentação será salva automaticamente.

Nos dois pontos destacados na figura anterior, note que o PowerPoint mostra a todo momento se há outras pessoas (ou outros acessos da sua própria conta) editando a apresentação simultaneamente.

Colaboração on-line no PowerPoint 2019 para desktop

A versão 2019 do PowerPoint para desktop já está totalmente preparada para trabalhar com colaboração on-line. A única restrição é que a planilha deve estar armazenada na nuvem, preferencialmente no OneDrive. Vamos usar a mesma apresentação que carregamos para o OneDrive para ser editada no PowerPoint 2019.

1. Na guia *Arquivo*, clique em *Abrir*.
2. Localize a planilha que carregamos para o OneDrive e dê um clique duplo para abri-la.

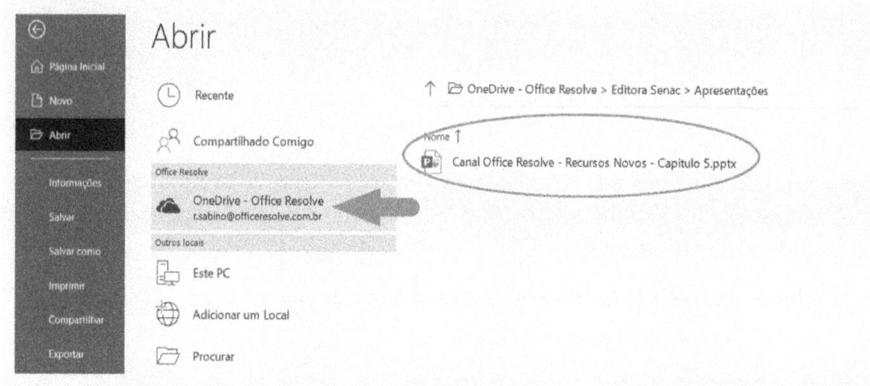

Note na figura a seguir que a colaboração on-line em tempo real também está disponível na versão desktop:

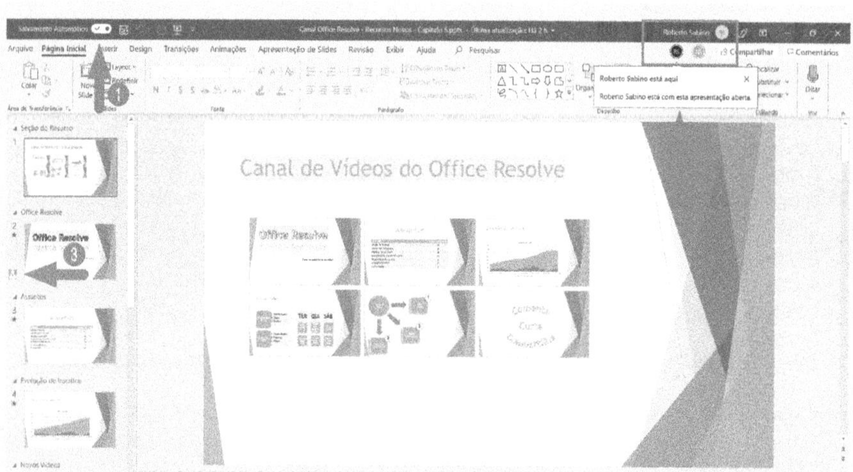

❶ Usando o OneDrive, o salvamento automático fica ligado por padrão. ❷ Acima, a conta que está logada no PowerPoint 2019 para desktop. Abaixo, os dois acessos simultâneos (com a mesma conta), um no celular e outro no tablet. ❸ O PowerPoint 2019 também mostra o ponto da apresentação em que cada outro usuário (ou outro acesso com a mesma conta) está editando.

Agora você pode usar todo o conhecimento adquirido ao longo deste livro em qualquer uma das plataformas do PowerPoint 2019.

Exercícios

Nos exercícios a seguir, você fará uma série de atividades para exercitar de forma geral o conteúdo visto no livro e criar uma nova apresentação.

Exercício 1: editando o primeiro slide

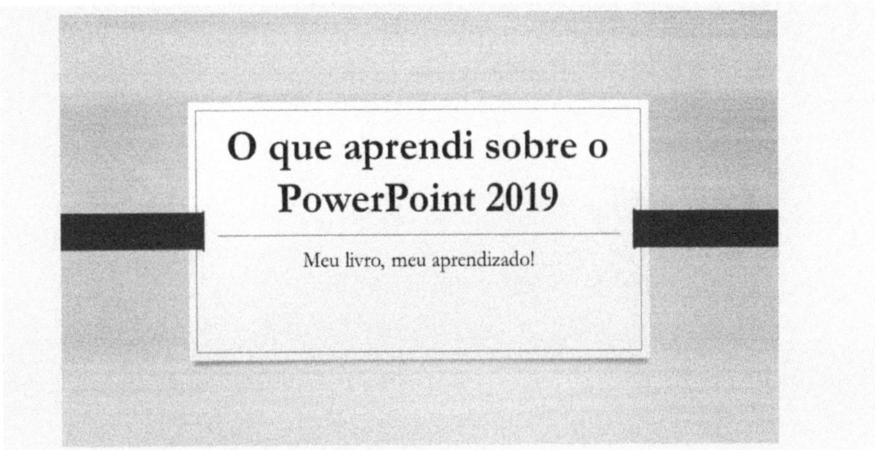

Principais recursos utilizados:

- Em todos os slides
  - Guia *Design*, tema *Orgânico*.

Exercício 2: editando o segundo slide

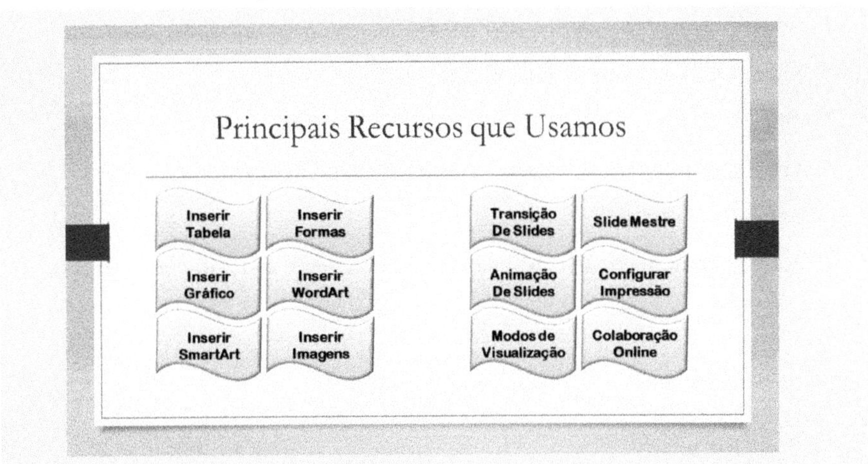

Principais recursos utilizados:

- Guia *Inserir*, comando *Forma*.
- Guia *Página Inicial*, comando *Fonte*, opção *Arial Rounded*.

Dicas:

- Insira a primeira forma, ajuste-a e depois use *Ctrl* + *C* e *Ctrl* + *V*.

Exercício 3: editando o terceiro slide

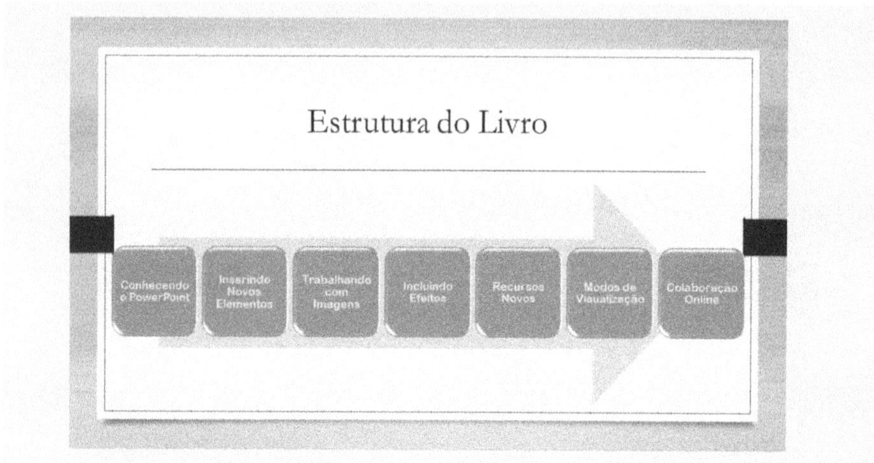

Principais recursos utilizados:

- No slide
    - Guia *Inserir*, comando *SmartArt*.
- No *SmartArt*
    - Redimensionar com o auxílio do mouse.
    - Guia *Design*, grupo *Estilos de SmartArt*.
    - Guia *Página Inicial*, comando *Cor da Fonte*.
- No título
    - Guia *Página Inicial*, comando *Fonte*, opção *Arial Rounded*.
- Dicas:
    - Altere o mínimo possível o *SmartArt* para manter o slide simples.

Exercício 4: editando o quarto slide

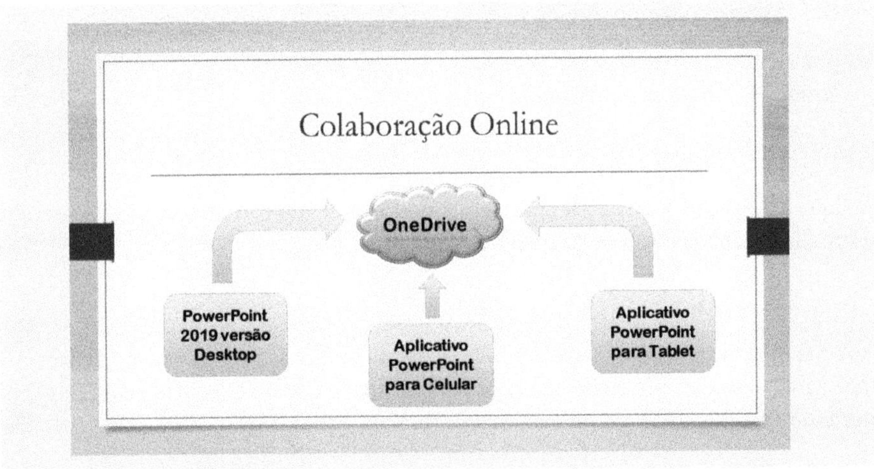

Principais recursos utilizados:

- Guia *Inserir*, comando *Forma*.
- Guia *Página Inicial*, comando *Fonte*, opção *Arial Rounded*.
- Aba *Ferramentas de Desenho*, guia *Formatar*, comando *Efeitos de Forma*, opção *Bisel*.

Dicas:

- Insira a primeira forma, ajuste-a e depois use *Ctrl* + *C* e *Ctrl* + *V*.
- Observe que existe uma forma chamada *Seta Dobrada*.
- Use o recurso *Girar* para criar as setas de cada um dos lados.

Exercício 5: editando o quinto slide

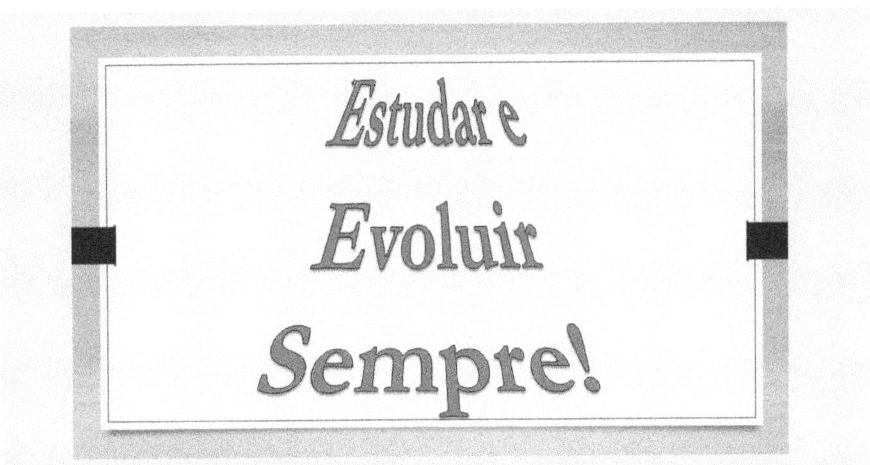

Principais recursos utilizados:

- Guia *Inserir*, comando *WordArt*.
- Aba *Ferramentas de Desenho*, guia *Formatar*, comando *Efeitos de Texto*, opção *Transformação, Esmaecer para Cima*.

Exercício 6: aplicando transição nos slides

Aplique a transição de sua preferência em todos os slides da apresentação. Todos devem ser mudados apenas ao clicar do mouse.

Exercício 7: aplicando animação no segundo slide

Aplique uma animação no segundo slide de maneira que as formas entrem de três em três. Para conseguir esse efeito, altere os parâmetros *Iniciar* ou selecione de três em três formas no momento de aplicar a animação (usando a tecla *Shift*).

Exercício 8: faça anotações e visualize a impressão

Para cada um dos slides, faça anotações que descrevam aquilo que você aprendeu ao estudar o livro. Depois, visualize a impressão dos slides no formato que exibe as anotações. Dica: use o modo de exibição *Anotações*.

Exercício 9: OneDrive e colaboração on-line

Salve a apresentação no OneDrive, ou salve-a no computador e depois carregue-a para o OneDrive. Em seguida, abra a apresentação pela nuvem em um tablet ou celular.

Anotações

Anotações

8

Criação de vídeos

Criando vídeos

Criar um vídeo será sempre o último passo do processo de criação de conteúdo. Todos os detalhes da apresentação precisam estar bem ajustados, principalmente as transições de slides e animações. Neste exercício, vamos usar a apresentação feita nos exercícios do capítulo anterior.

1. Gravar um vídeo costuma ser uma tarefa complexa, e passível de equívocos e falhas. Portanto, ensaie bastante o conteúdo da apresentação antes de iniciar a gravação.
2. Escolha um local tranquilo para gravar a narração. Além disso, escolha os equipamentos que vai usar (mouse, teclado, notebook, microfone de celular ou outro tipo de microfone, etc.).
3. Abra a apresentação (lembre-se de que todos os detalhes já devem estar ajustados).

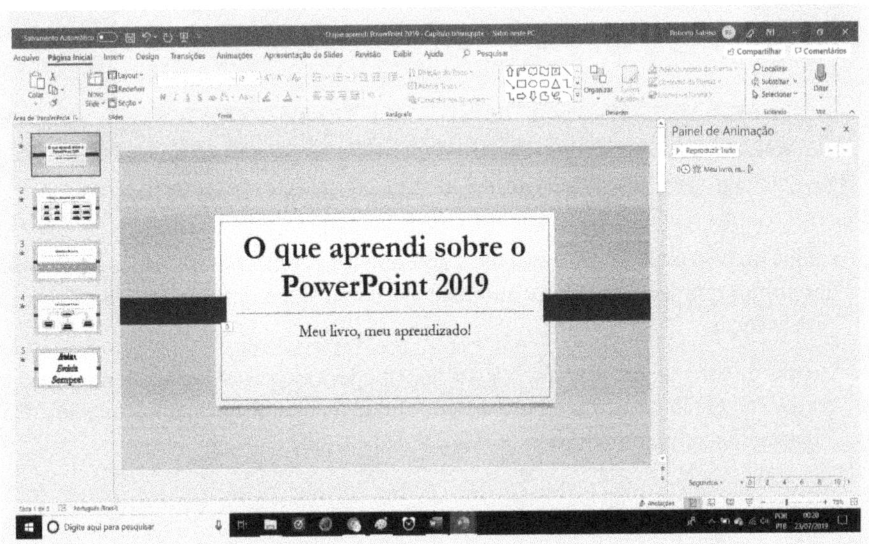

4. Na guia *Apresentação de Slides*, clique em *Gravar Apresentação de Slides.*

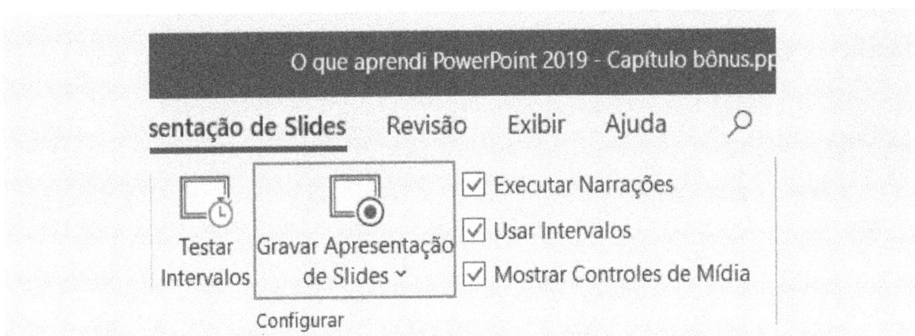

5. Na tela inicial de gravação, escolha se vai usar a câmera (para que você apareça no vídeo) ou se vai usar apenas o microfone.

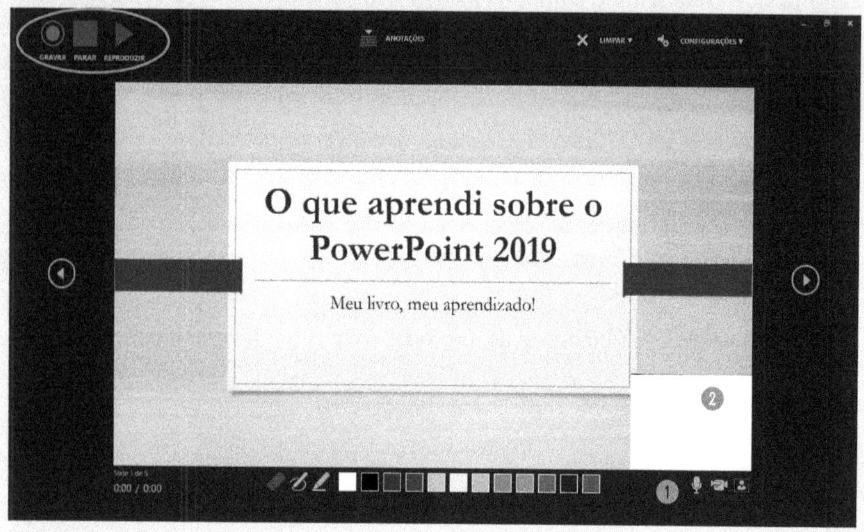

❶ Escolha se usará a câmera ou o microfone. ❷ A imagem da câmera aparecerá aqui.

6. Clique no botão *GRAVAR* e execute a apresentação conforme ensaiado. Lembre-se dos pontos que serão de avanço automático e daqueles em que será necessário clicar para avançar.

7. Depois de ter gravado a apresentação, você poderá exportá-la exatamente como a gravou, ou então usar os tempos padrão. Clique na guia *Arquivo* e, em seguida, em *Exportar*. Escolha como quer exportar o vídeo e clique em *Criar Vídeo*.

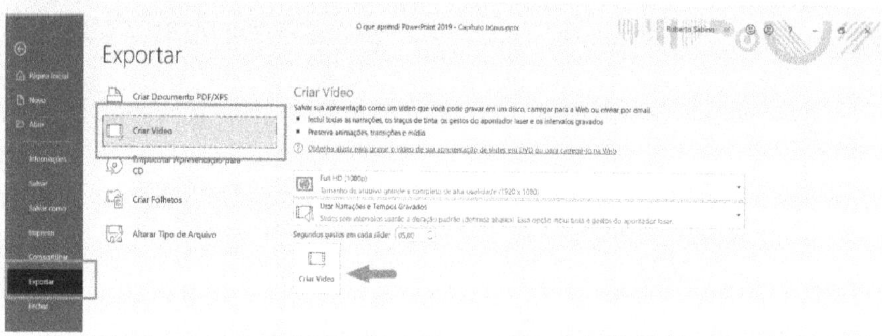

A criação do vídeo pode demorar e será feita em segundo plano (isso significa que você não verá o vídeo sendo criado na tela, e conseguirá continuar usando o PowerPoint normalmente). Durante a criação do vídeo, o computador pode ficar um pouco lento. Para acompanhar o andamento da criação, consulte a *Barra de Status*.

Anotações

Anotações

Sobre o autor

Roberto Sabino é pós-graduado em mercados financeiros pela Universidade Presbiteriana Mackenzie de São Paulo e graduado em tecnologia em processamento de dados pela Faculdade de Tecnologia (Fatec) de São Paulo. É consultor, professor e conteudista especializado em Office e VBA no portal Office Resolve (https://officeresolve.com.br). Tem ampla vivência em projetos de desenvolvimento de sistemas com diversas linguagens, incluindo automações com VBA. Atuou como gestor de projetos, analista de negócios e engenheiro de software em instituições financeiras de grande porte. É entusiasta do uso dos recursos do Microsoft Office como aceleradores de produtividade. Sempre teve na docência uma paixão, atuando como professor em diversas instituições de ensino. Tem como *hobby* inventar novas ferramentas automatizadas com VBA.

Índice geral

www.ingramcontent.com/pod-product-compliance
Ingram Content Group UK Ltd.
Pitfield, Milton Keynes, MK11 3LW, UK
UKHW032051260826
14628UKWH00008B/3319